EL VAIXELL DE VAPOR

El vescomte minvant

Antoni Dalmases

Il·lustracions de Francesc Salvà

editorial cruïlla

Primera edició: maig de 1992
Dotzena edició: agost de 2006

Direcció literària: Montse Ingla Mas
Edició: Gemma Lienas i Massot
Il·lustracions i coberta: Francesc Salvà i Ribas

Balmes, 245 - 08006 Barcelona
editorial@cruilla.com

Comercialitza: CESMA, SA

ISBN: 84-7629-673-8
DL: M-31558-2006
Imprès a Espanya / *Printed in Spain*
Impremta Gohegraf Industrial Gráficas, S. L.

A tots els capitans Haddhock del món

1 *Una trucada impertinent*

QUAN aquella tarda d'estiu, emmandrit i somnolent, em disposava a repassar la premsa del dia perquè m'ajudés a fer una estona de becaina, no m'ho pensava pas que les coses es torçarien tant que tot aniria de cap per avall.

M'havia passat el matí anotant en el meu bloc unes quantes idees. Ho faig sempre, això. Se m'acuden quan vaig a buscar el pa al matí o quan rento les tasses de l'esmorzar, els faig donar uns quants volts pel cap i després m'hi poso i escric vuit o deu ratlles per a cada una de les històries que he anat pensant. Després agafo la que m'agrada més i començo a picar-la a màquina fins a l'hora de dinar. A vegades en faig alguns capítols saltats, els que m'interessen més i, a la tarda, després de fer el mandra una estona (a l'estiu més estona del compte, que per això són les vacances), m'hi torno a posar fins al vespre. Aquest era el meu horari de treball fins al dia disset de juliol de l'any passat. Un horari que em sembla que deu ser normal en la feina de qualsevol escriptor. Però aquell dia la rutina va canviar i, durant dos dies, tot va ser un desgavell.

Me'n recordo molt bé que durant el matí havia estat escrivint el resum d'una història de pirates i tresors que em divertia molt, perquè al final, amb el seu vaixell, trobaven una illa on tot anava al revés i, és clar, es tornaven gent decent i legal i no sabien què fer, de manera que acabaven inventant de nou tot el que ja estava inventat: descobrien els macarrons, les navalles d'afaitar, les infusions de camamilla, els monopatins, els gelats de pistatxo, la pala de matar mosques i no sé quantes coses més.

M'ho passava molt bé, sobretot fent parlar un lloro que tenien i que els feia de ràdio, perquè anava a buscar les notícies volant cada migdia i al vespre els les anava recitant mentre els ex-pirates sopaven. Tot plegat una història que, com que a mi em feia gràcia, pensava que podria agradar a tothom. I potser algun dia l'acabaré.

Endormiscat, amb el diari al davant, mig ajagut a la butaca després d'un dinar prou suculent, anava aclucant els ulls i m'imaginava el capità pirata, que es deia Silvestre i que ja no era pirata, és clar, sinó l'organitzador d'aquella comunitat d'illencs, empipat com una mona perquè el lloro els donava la notícia que els turistes aviat arribarien a la seva illa.

Barrejava la història que estava escrivint amb una de les notícies que acabava de llegir a la premsa: que els estiuejants ho omplien tot. M'imaginava que el capità s'enfadaria molt quan sabés que volien construir una urbanització amb port esportiu a la banda sud-est de l'illa, on ell havia pensat instal·lar un camp de botxes perquè la tripulació fes exercici i evités les panxes que els començaven a donar un aspecte rodanxó, poc avinent amb l'activitat d'una trepa aguerrida i enèrgica. Aquesta idea em va semblar prou bona i ja pensava en les paraules que utilitzaria per escriure-la, quan de cop i volta van trucar a la porta i la meva imaginació va fer pluff com un globus punxat.

Vaig moure'm amb lentitud pel passadís, tot pensant que hi ha gent que no sap respectar la vida privada dels escriptors, que tot el dia estem ocupadíssims pensant coses importants o divertides perquè la gent no es mori de fàstic i els cervells no es panseixin. Tot això m'ho vaig dir mentre caminava pel passadís, abans d'arribar a la porta. Vaig respirar fondo, amb un sospir per dir-me «paciència, noi», i vaig obrir.

Sense temps ni de dir hola, una veuarra com un tro em cridava:

—¡Ja era hora que obríssiu! ¡No estic acostumat que em facin esperar!

Jo prou que mirava i m'hi fixava bé, però, ara m'heu de creure, no veia ningú. Tot i així, aquella veu gruixuda i escandalosa, cada vegada ressonava més fort:

—¡Que hem de badar gaire, noi, o què! ¡De bon grat, en altres temps, t'hauria partit la carcanada, que per insolències més lleus que aquesta n'he fet estelles, de molts bergants!

I jo vinga mirar i remirar sense veure ningú, ara ja tremolant com la fulla d'un arbre, amb por d'haver-me tornat ximple amb tantes històries estranyes voltant-me pel cap. Feia anar els ulls d'una banda a l'altra sense parar i al replà no s'hi veia ni una ànima.

Convençut que em calia un descans si no volia acabar al manicomi, em disposava a girar cua i tancar-me de nou a casa, quan, pel marc de la porta, baixant per un fil enganxat amb agulles de cap que anava de terra fins al timbre que m'havia tret de l'ensonyament amb el seu ¡riiinnng! escandalós, vaig veure que es despenjava una figura minúscula, de menys d'un pam, amb una vestimenta estrambòtica dringant com un esquellot, que no parava de fer anar la seva boqueta menuda com mig pinyonet, però que deixava anar uns crits capaços de despertar un ós hivernat. I amb un llenguatge tan estrafolari com tot el seu aspecte va dir:

—¡Càsum la sang d'un banc i el fetge d'una cadira! ¿Voleu fer el favor d'escoltar-me? ¡No teniu vergonya ni l'heu coneguda mai! ¿Ho feu sempre, això de deixar sense resposta els qui us parlen? ¡Desconsiderat poca-pena! Per poc que pugui tastareu xarop d'estopa, ¡a fe!

Les amenaces queien damunt meu com una tempesta. Era sorprenent i extraordinari que d'un cosset com de figura decorativa sortís aquell raig potent de veu de tenor d'òpera. I no semblava tenir aturador.

He de dir que no em feia gaire gràcia, però encara em feia més por que els veïns sortissin i em trobessin allà, palplantat com un estaquirot davant d'aquell personatge que udolava més i més fort que una llopada en nit de lluna plena. Ja em tenien per un home més aviat estrany, només faltaria que sortissin escandalitzats per la cridòria. Per això, tremolant una mica, vaig allargar el braç i, només amb un fil de veu, el vaig convidar a passar a casa mentre el prenia amb la mà. Allò va semblar calmar-lo un xic perquè, sense deixar de fer cara d'ofès, va plegar els braços amb posat alterós i va callar.

2 *L'encàrrec estrambòtic*

TOT I QUE pesava més del que el seu volum semblava anunciar, quan vaig haver tancat la porta al meu darrere em vaig sentir un xic més tranquil. Si més no, els veïns ja no em prendrien per ximple, ni hauria d'anar al manicomi: podia respirar amb un cert alleujament, perquè les veus que sentia existien. Encara que, ben mirat, no era pas una cosa normal, caminar passadís endins de casa amb un homenet enfurrunyat entre les mans; però l'escàndol semblava momentàniament salvat.

En arribar al menjador, em vaig trobar una mica violent perquè no sabia on deixar-lo. Amb tota la cura de què vaig ser capaç i sense dir ni una paraula, el vaig dipositar a la meva butaca i vaig amuntegar els diaris i revistes que hi havia al sofà per fer-m'hi un lloc, disposat a escoltar el que volgués dir-me aquell visitant extraordinari.

Durant tota aquesta estona, els seus ulls escrutaren cada un dels meus moviments, com si no es refiés de mi. Vaig pensar que asseure's era una bona manera de mostrar-se atent i ell va semblar tranquil·litzar-se, sense abandonar, però, el posat de perdonavides que havia tingut des del primer moment a la porta.

La seva aparició sorprenent em va despertar de sobte i m'havia fet venir set; hauria volgut convidar-lo a beure alguna cosa, però, és clar, em va semblar que es prendria malament el fet que jo no tingués gots a la seva mida, i em vaig haver d'aguantar amb la gola seca. Fou llavors que vaig parar més atenció en la seva indumentària.

¡És clar que pesava tant! Ara veia que anava gairebé recobert d'una ferralla dringadora i que només el cap, amb una cabellera pèl-roja esborrifada i una barbeta com un pinzell en miniatura, restava al descobert de l'armadura, que feia que a qualsevol moviment se sentís garranyic-garranyec, com si li faltés oli en un engranatge. No vaig gosar dir res, però va estar a punt d'escapar-se'm el riure. Per acabar-ho d'adobar, i potser per donar mostres d'una certa calma, va començar a treure's els guants, no sense algunes dificultats, que li feren exclamar amb aquella veu potent que contrastava amb el seu cosset remenut:

—¡Condemnats guantellets que s'enferritgen!

—¿Com diu? —no vaig poder evitar de dir.

—Que aquests guantellets estan malmesos pels anys i se m'hi fa rovell, per això em costa tant de treure-me'ls. ¿Que no parlo clar o què? —ja es mosquejava.

—La veritat és —vaig gosar respondre— que jo no ho entenc gaire, el que diu.

Em va mirar fixament amb aquells ulls d'enfadat i no devia trobar oportú de contestar-me res, perquè només va moure una mica el cap per mostrar disgust i va canviar de tema:

—Mireu, jove: vós feu llibres, ¿oi? —vaig fer que sí—. Doncs he vingut aquí perquè feu el meu.

—¿Com diu? —no entenia res, jo.

—¡Ja la pujarem dreta, la paret! —bramulà, movent un bigotet vermellós que li sortia com dues escombretes, enfora, més enllà de les galtes, de sota els forats del nas—. ¡No sembla que entengueu gaire res! No acabo de saber com podeu escriure llibres si tot el que dieu quan parleu és ¿com diu?. Vull que feu el meu llibre, que escriviu la meva història. Em sembla que és prou entenedor, ¿oi?

¡No en volia saber d'altra! Ara resultava que, després de pensar i repensar, se'm presentava un personatget i volia que canviés els meus plans perquè a ell li venia de gust. Jo em penso que sóc de bona pasta però, quan em toquen el voraviu, salto com una llagosta i no em vaig poder estar de fer un crit, potser perquè tot s'encomana:

—¡Ara li fan el mànec!

—¿Com dieu, jove? —preguntava enfurit i provant de posar-se dret a la butaca, però aconseguint només que el coixí el fes anar d'una banda a l'altra, com si navegués en un mar esvalotat, inestable i amb uns moviments ridículs que encara el devien enervar més.

Però jo no estava pas disposat a deixar-li dir res més.

—Sembla que vostè no entén gran cosa —em venjava amb els seus mateixos retrets, aprofitant la pregunta que em feia— del que és un escriptor. No sé pas quina història vol explicarme, però si es pensa que jo faig feina d'encàrrec com els fusters, els mecànics o els que arreglen els rentaplats, li he de dir que va ben errat i que s'ha equivocat de porta. Per cert, ¿què ve a ser tot l'entramat de fils i agulles de cap clavades al marc de la porta del meu pis? ¿Que no sap trucar com tothom, vostè, que s'ha d'enfilar i malmetre el vernís? ¡Encara com no entrava per la finestra amb un helicòpter de joguina, posats a fer numerets espectaculars! ¿De quin circ s'ha escapat, bon home?

Havia deixat anar aquell discurs com una metralleta i posant la cara d'enfadat que em surt quan em puja la mosca al nas. Devia impressionar-lo perquè, a part de posar-se vermell com un pebrot i deixar anar un parell de bufades pel nas que li van fer vibrar el bigoti com dos esteranyinadors mal pentinats, no em va contestar amb les amenaces i els crits que fins aleshores m'havia dedicat. Es devia adonar que, amb mi, a les bones tot, però que a les males no hi ha res a fer, perquè va suavitzar la veu de sobte i, potser suant una mica per l'esforç que li suposava parlar-me amb un to amable, estossegà i digué:

—Segurament m'hauria de presentar —i de nou provava d'alçar-se damunt del coixí, per fer una reverència que va acabar en tombarella—. Em dic Berenguer de Ferragut i sóc, bé, per ser més precís, era senyor de Vilaferma i de Terraplana, vescomte de Ferragut.

Aquell to ja em semblava més entenedor, tot i que encara no sabia endevinar què em volia.

Vaig correspondre a la seva presentació amb la correcció que demana la cortesia habitual:

—Jo em dic Antoni i, com ja veig que sap, escric llibres. Molt de gust.

I em vaig trobar, endut per la força del costum, allargant-li una mà per encaixar que podia engrapar-lo tot sencer i que vaig haver de retirar de seguida mostrant-li un somrís de compromís.

—M'ha dit que em volia explicar una història perquè jo l'escrivís —vaig continuar— i li voldria fer saber que jo només escric les històries que se m'acuden a mi. A més, senyor meu, empescar-se fets i personatges és la meva feina, m'agrada fer-la i m'hi diverteixo. Si hagués de contar el que la gent volgués, plegaria del ram. M'entén, ¿oi?

Potser era massa dur, però amb les coses de la meva feina no m'agrada de fer-hi broma i no deixo que els altres en facin gaire, tampoc. Va semblar entendre-ho.

—Us demano que m'escolteu una estoneta i després ja em direu el què —va deixar anar en sec.

—¿I per què a mi i no a un altre de més famós i conegut? —vaig fer—. Hi ha escriptors que surten a la televisió i opinen i saben de tot, potser ells l'entendrien més bé i segurament s'avindrien a escriure sobre el que els digués. Ho han fet més d'una vegada. O algun que s'hagi quedat eixut d'idees, que també n'hi ha. ¡Jo, per sort, en tinc moltes, de coses al cap per escriure, tantes que no dono l'abast!

—Mireu, jove —arrugava el front, ajuntava les celles—. Em penso que hauríeu d'estar-me molt agraït que us hagi triat a vós. Ja ho anireu veient. I pel que fa als vostres companys de professió, no cregueu que no ho he provat, però els uns no paren mai quiets a casa i els altres, per què no dir-ho, se m'han tret de sobre amb excuses ximples. Vós sou, us ho confesso, la meva darrera esperança.

De seguida em vaig adonar que em tenia a la cua de la llista dels escriptors, però no em vaig molestar pas. Ja ho sabia, jo, que no era cap geni. En canvi, el que sí que vaig sentir va ser una gran pena per la tristor amb què m'havia dit les seves darreres paraules. Semblava algú molt desesperat i li ho vaig dir.

—Em sap greu, això que em diu. Però ha d'entendre que tothom té la seva feina —volia animar-lo i, de passada, justificar els del meu ram— i cal treballar de valent per anar tirant. Jo mateix, ara, m'ha enganxat a mig fer una aventura de pirates que...

—¡Ara no em sortiu amb ciris trencats, vós, també! —bramulà com en els primers moments i em va fer fer un bot, de l'ensurt—.

¿Que us penseu que em mamo el dit, jo? Només us demano una estona d'atenció, tampoc no és gaire, ¿oi? ¡Al cap i a la fi, fa gairebé vuitcents anys que espero, jo!

Em va semblar que exagerava una mica, però no el vaig contradir, perquè, com s'escau en la meva feina, sóc xafarder de mena. Me'l vaig mirar amb ulls murris com de no refiar-me'n gaire i ho devia notar, perquè en un to més confidencial afegí:

—S'han explicat les històries del gran Tirant lo Blanc, cavaller admirat i estimat arreu, que mereix, sens dubte, l'atenció que tot el món li dispensa. El no menys famós Don Quixot, també té les seves memorables pàgines escrites. I ja no parlem d'altres personatges menors a qui també s'han dedicat llibres, potser sense merèixer-s'ho tant, ni de bon tros. Però el món ignora el que jo, Berenguer de Ferragut, he passat i encara passo, que és més que extraordinari. ¿No us agradaria ser conegut com l'autor d'un llibre immortal?

—¡Home! —vaig exclamar—. ¡Amb menys també passaria!

—Doncs poseu-vos a punt perquè, sense voler ofendre ningú, el que us contaré no té res a envejar a totes aquestes històries i cavallers que esmentàvem.

Jo ja sabia que exagerava altra vegada, però les seves paraules i la gent de qui havia parlat em van picar la curiositat d'una manera definitiva. Em vaig deixar anar al respatller i vaig fer cara d'escoltar, sense saber que de seguida rebria el seguit de sorpreses més impensat de la meva vida.

3 *El vescomte de Ferragut fa saber qui és, d'on ve i què li passa*

—¿NO US ESTRANYA, trobar-vos amb algú com jo, vull dir, vestit així i d'aquesta mida? —començà preguntant, segurament per acabar d'enllaminir-me.

—És clar —vaig fer—. I espero amb frisança que m'expliqui la seva història.

La meva resposta féu que els seus llavis dibuixessin una ganyota de superioritat. Se sentia còmode i segurament era el que esperava que jo digués. De seguida continuava.

—Heu de saber, amic meu, que jo vaig néixer el vint-i-set de setembre de l'any 1202...

—¡Mosca!

—¡Oh! Si hem d'interrompre no acabarem mai, ¿eh?

—Dispensi.

—Bé, però muts i a la gàbia. El que més us deu interessar ara és saber com és que sóc tan poqueta cosa i, d'altra banda, com és que fa gairebé vuit-cents anys que vaig pel món...

—¡Déu n'hi do...! ¡Ai! Perdó.

Va fer una mirada furiosa, però va seguir el seu relat.

—La cosa és un xic complicada, encara que ben aviat us la faré entendre. Vós, que sou del ram, deveu haver llegit alguna història de les que s'han escrit del rei Artur de Bretanya, els seus cavallers i la seva cort de Camelot. Doncs bé, m'estalviareu feina, perquè ja coneixeu l'existència del famós Merlí, el mag de la cort, que feia encanteris i beuratges...

—¡Ja em veig venir que Merlí li va fer una mala passada! —vaig dir jo, un xic decebut, com si aquella ja me la sabés.

—¡I un rave! —bramà desfermat. I em deixà paralitzat—. ¡O calleu d'una vegada i feu les preguntes al final quan us ho indiqui o me'n vaig! —i va plegar de nou els braços amb aquell ridícul grinyol de ferregots que li feien les mànigues.

La veritat era que, com a amenaça, no era gaire forta. Si se n'anava em deixaria tranquil amb el meu amic el capità Silvestre dels pirates avorrits, però vaig callar i fer cara d'alumne atent a la lliçó, arrufant el nas i posant-me el puny sota la barbeta. Després d'un breu silenci i d'un sospir, ja seguia, impacient per ser escoltat:

—El tal Merlí, amb qui no vaig tenir el gust de topar-me mai, i potser ara em lluiria més el pèl, tenia un parent llunyà que voltava per Vallclara...

Jo vaig fer una ganyota d'estranyesa i ell se'n va adonar, per això va alçar el to de veu, que ressonà per tota la casa:

—¡Vallclara, sí, no feu aquesta cara d'ignorant! Vallclara és el que vosaltres ara en dieu el Vallès, ¿queda clar? —jo, sempre mut, vaig obrir uns ulls com unes taronges, perquè ell s'ho deia tot—. Aquest suposat parent de Merlí, que tothom coneixia amb el nom de Passerell i que no sé si se'n deia o era un malnom que la gent li havia posat per la pinta d'ocellot ximplet que gastava, era un poca-pena esparracat que presumia de màgic, per allò de la família. Un sòmines de set pams, vaja. Resulta que un dia, anant de cacera pels meus boscos de Vilaferma, me'l trobo arraulit, somicant al peu d'un roure, i jo que li pregunto:

»—¿Què tens, Passerell?

»—Oh, vescomte —que fa ell—, collint herbes remeieres m'he clavat una punxa d'esbarzer al dit i com més provo de treure-me-la més endins se'm posa.

»¡Ara vegeu si n'era, de babau, el suposat mag! Jo que baixo del cavall i, més que res per treure-me'l del davant, li lligo el dit amb una cinta de cuiro no gaire estreta i li dic que vagi cap a casa i el posi dins un cossi d'aigua, que la punxa li sortirà sola. Va marxar fent reverències com un liró i jo me'n vaig oblidar tot seguit.

»Al cap de tres dies, sí que se'm presenta al castell i, tant sí com no, no para fins que el porten a la meva presència. Se m'acosta amb aquell posat garneu, mostrant-me un flascó esquifit de la mida d'un didal, i em diu:

»—¡Oh magnífic vescomte Berenguer! Per agrair el vostre ajut inestimable, he fabricat un beuratge amb una fórmula i un sortilegi antiquíssim de la Bretanya gran, on exerceix el meu cosí Merlí, que us farà immortal si sou un home pacient.

»Imagineu-vos la cara que hi vam fer, jo i tots els que ho van sentir. Vàrem esclafir a riure de bon grat mentre ell es retirava, sempre amb l'espatlla corbada i el cap cot, com corresponia a un vassall, cridant forassenyat tres bestieses que encara ens van fer riure més a tots; el teníem per ben boig:

»—¡Anul·la la lluna! ¡L'any és senyal! ¡No sap pas on! —va bramar fins a la porta.

»¡Però me la va ben jugar, el desgraciat del Passerell, que mal llamp esbocini en setanta miques! Fent broma i amb ganes de tabola, amb la inconsciència de la joventut, per riure, de seguida vaig engolir d'un glop les quatre gotes de maleïda metzina. I això fou la meva perdició.

El petit vescomte estava acalorat recordant aquell moment antiquíssim. Agafava aire per respirar més bé i de passada devia voler donarme temps per pair tot el que m'havia explicat, que segurament creia que era molt gruixut i escandalós, però que jo ho trobava més aviat normalet, potser pel fart de llegir històries de cavallers que m'he fet. Vaig optar per callar i deixar-lo seguir sense torbar-lo.

—La beguda era una mica forta, d'aquelles que piquen gola endins, però de bon principi no vaig notar res. És clar, direu, si us han fet immortal, ja està tot dit. Doncs jo vaig voler provar-ho. ¡Sí, sí, tal com ho sentiu!

Deia allò perquè, ara sí, vaig engolir saliva disposat a sentir-ne una de grossa, tal com va ser.

—¡No em mireu amb aquesta cara de lluç, home! ¿Que no sabeu com les gastàvem, aleshores, la gent, que de seguida teníem la mà a l'espasa? Doncs sí, fent el plaga, amb un petit coltell, davant de tots per si de cas, i per demostrar la meva valentia, em vaig punxar a l'alçada de les costelles. ¡Vaig fer un crit que encara ressona! I és clar, amic, que la punxada em va fer mal, però les conseqüències de la terrible coltellada, que haurien pogut ser fatals, no les vaig pas sentir. Com si m'hagués fet una esgratinyada de res, un petit filet de sang va mullar-me la panxa i de seguida, només desclavar el punyal, ni ferida no hi havia.

—¡Que bèstia! —se'm va escapar.

—Ja ho podeu ben dir, ja. L'¡ooohhh! d'admiració que seguí el meu gest era més que justificat, com podeu suposar. I la cosa quedava clara: aquell pelacanyes que no sabia ni guarir-se de la punxada d'un esbarzer, havia aconseguit l'elixir de la vida. Quines coses, ¿oi?

—¡Aquest mag era una mina, doncs! —li deia jo, sincerament admirat. Però no va semblar estar-hi d'acord.

—¿Una mina? ¡Un femer, era! Jo també vaig pensar que el descobriment era el més sensacional que veurien els segles, però l'alegria aviat es tornà decepció. ¿Us imagineu un exèrcit guerrejant amb un traguet de l'elixir a cada batalla?

Els ulls li guspirejaven només d'imaginars'ho, però jo, que sóc de mena poruc, només vaig saber dir:

—Psè...

—Ja veig que sou de mena aturada, jove. Bé, però jo i els meus no. Per això vàrem fer cridar de seguida el cretí del Passerell amb la intenció que fabriqués per a nosaltres litres i litres del beuratge que ens havia de fer amos del món. Ja m'imagino què penseu, sí, no cal que digueu res —va veure que jo anava a protestar—. En aquell temps, la guerra i les batalles eren un treball imprescindible per sobreviure. Els forts seguien vivint i els dèbils eren anorreats. Llei de vida. I, és clar, nosaltres volíem ser els forts. Però no vam poder pas aprofitar-nos d'aquell gamarús...

Vaig respirar alleujat i vaig mig somriure, content d'estalviar-me les explicacions d'un seguit de carniceries. Començava a caure'm simpàtic, aquell Passerell que el vescomte insultava tant. I ho vaig mig insinuar:

—Així doncs, el Passerell es va escapar...

—¡No! ¡I ara! ¿Per qui m'heu pres? —s'ofenia altra vegada retronant amb els seus crits—. El bordegàs es presentà tot seguit, ¡només faltaria! Però n'era tant i tant, de ximplet, que resultava que havia esgarriat la fórmula del beuratge.

—¿Com? ¿Que l'havia perduda? —vaig dir, ja del tot divertit.

—Pitjor: ¡l'havia errada!

—No ho entenc... Vostè era viu: per tant no hi havia error.

—Efectivament, jo era viu i encara ho sóc. Però el brètol ens confessà que era una fórmula irrepetible, amb unes paraules que cada mag només les podia dir una vegada si no volia deixar fulminat el qui havia pres el beuratge i que, a més, hi havia un risc important que havia oblidat d'advertir: feia immortal i el cos no envellia, però te'l feia encongir un centímetre cada deu anys i, agafeu-vos fort, quan l'immortal tenia un disgust o una enfadada, ¡l'efecte d'encongir-se es multiplicava per tres! ¿Enteneu ara per què amb prou feines faig un pam posant-me de puntetes?

Les darreres paraules va pronunciar-les amb un to de disgust emocionat que em va entendrir. ¿Què podia dir-li, jo, si el que pensava era que amb aquest caràcter tan irat que gastava era estrany que no fes uns pocs mil·límetres? Valia més callar i fer cara de preocupació, com a mostra de solidaritat.

—Feu càlculs —seguia, el vescomte reduït, amb el mateix to consternat—. Això va passar la tardor del 1228, quan jo tenia vint-i-sis anys.

La mala passada va fer impossible la meva participació en la campanya de Mallorca del rei Jaume, l'any següent. ¡Ves si n'estic, de content! A hores d'ara jo hauria de fer ben bé vuitanta o noranta centímetres, però, és clar, tot el que he vist m'ha posat cada vegada de més mal humor, m'he enfadat molt, durant aquests inacabables anys i cada vegada ¡patapam!, tres centímetres de cop. ¡No em digueu que no és per desesperar-se!

I es tancà en un llarg silenci, mirant a un punt fix de la paret.

4 *I jo, ¿què vol que hi faci?*

RESPECTAVA el seu silenci trist, però ja feia molta estona que durava i jo no disposava de tota l'eternitat, com semblava que tenia ell, per esperar que continués. Per això vaig aventurar una pregunta amb la veu tan suau com vaig saber:

—I jo, ¿què vol que hi faci?

Va desvetllar-se del seu ensonyament de sobte.

—¡Ajudar-me a resoldre aquesta situació absurda! —bramulà furiós.

—No s'esveri, que ja sap que és pitjor —gosava suggerir-li.

—És cert, jove, teniu raó —es moderava—. He vingut a veure-us perquè, com a mínim, feu conèixer la meva dissort al món. Que tots els qui llegeixin la meva història es malfiïn de beuratges màgics, begudes remeieres, bruixots, nigromants i endevinaires que prometen el que no hi ha. Pel que fa a la meva ridícula situació, no val la pena de pensar-hi...

«Té bon cor», vaig dir-me, i ja començava a barrinar com m'ho faria per escriure tot el que m'havia explicat. Però la seva fesomia trista, el posat vençut que mostrava aleshores, l'amargor de les seves darreres paraules, van despertar en mi el somniatruites que tots portem a dins i vaig gosar aventurar:

—¿I no podríem mirar d'arreglar la seva mala situació? Potser buscant un descendent del Passerell. Si vol, ara que faré vacances, podem emprendre plegats un viatge a la Bretanya, a veure si trobem algun descendent de Merlí que sàpiga un contraverí o algun sortilegi eficaç. Els llibres que he llegit sempre ho resolen així...

—¡Sou tan ruc com bona fe! —exclamà burleta—. ¿Què us penseu que he estat fent durant vuit segles? ¿Furgar-me el nas? ¡N'hi hauria per empipar-se, si no fos tot tan desastrós! No existeix ni memòria ni el més petit rastre del Passerell, Merlí només és als llibres i, encara que darrerament se'n parli una mica més, no puc pas entrar en les pàgines d'un llibre, interrompre l'acció i les aventures i posar-me a preguntar si algú coneix el meu remei i com trobar-lo. ¡Teniu uns acudits!

Potser sí que m'havia precipitat. Ja hi havia

pensat ell, i devia haver passat anys i panys anant darrere d'alguna pista que li mantingués l'esperança. Però jo sóc tossut i em costa molt donar-me per vençut i vaig començar a voltar pel menjador amb pas nerviós, pensant com podia ajudar el vescomte, que em mirava potser creient que la seva revelació m'havia tornat boig.

—Vostè no ho sé —vaig dir-li sense parar quiet—, però jo no sóc dels que em desanimo a la primera. Hem de buscar una manera de resoldre el seu problema. I això es fa pensant.

Les meves paraules el van animar, perquè es disposà a baixar de la butaca, amb l'inevitable soroll de llaunes de la seva vestimenta, que va fer el terrabastall de mil cassoles quan va rodolar per terra. L'enrenou va evitar que jo arribés a entendre el seguit de paraulotes que l'accident li havia posat a la boca.

El vaig ajudar a posar-se dret i en incorporarme, veient-lo des de dalt, allà sota, encara el vaig trobar més remenut, perquè era tan alt com les potes del sofà. Vaig veure que alçava el seu caparró escabellat i que, segurament guiat per la distància dels seus llavis a les meves orelles, cridava:

—Us agraeixo molt que us ocupeu de mi, però en tindria prou de saber que, quan sigui de la mida d'una formiga, podré sentir explicar la meva història perquè vós l'heu donada a conèixer.

Els crits desfeien el to emocionat de les seves paraules, però jo em vaig commoure com sol passar quan coneixes algú i comences a agafar-li confiança. Potser m'hauria caigut una llagrimeta i tot, tocada la meva sensibilitat, però de seguida vaig baixar de la figuera sentimental empès per la cridòria i les queixes que m'arribaven de la punta de la sabata on se m'havia enfilat:

—¡I si voleu que segueixi parlant amb vós, poseu-me en un lloc on us vegi bé, perquè ja tinc rampa al clatell, de tant alçar el cap!

El vaig agafar de seguida i el vaig posar damunt la taula del menjador, al costat d'una peixera que hi tinc, amb dos peixets vermells molt simpàtics que em van regalar pel meu sant. No vaig pensar que aquells animalons innocents li podien produir el terror que de seguida es va convertir en xisclets i patacades.

—¡A fe que teniu uns acudits! —bramava, donant cops amb els seus guantellets metàl·lics al vidre dels peixos—. ¿Voleu posar-me a prova contra aquestes bèsties? ¿Quina necessitat hi ha de fer aquesta batalla absurda? ¡Però no us penseu pas que faré figa!

I de seguida treia una espasa de la mida d'un misto i envestia, disposat a fer miques peixos i peixera.

—¡Dispensi! —vaig cridar, tot agafant la peixera d'una revolada i col·locant-la lluny del seu abast, sobre un prestatge—. No havia pensat que per a vostè aquests peixets eren monstres...

—És el que passa —deia, esbufegant cansat i desant l'espasa—. Tothom es pensa que el que és normal per a ell ho és per a tots. ¡M'agradaria veure-hi més de quatre ganàpies, al meu lloc!

I em mirava amb les celles tan juntes i enfurides que no vaig pas preguntar-li si pensava en mi, quan deia allò.

Per distreure'l del mal pas, vaig voler tornar la conversa on l'havíem deixada, en els propòsits de solució del seu problema i, optimista, em va semblar que tenia un camí a intentar.

—¿Vostè ha anat mai al cinema? —li vaig preguntar de cop.

—¿On dieu?

Feia una cara d'estranyat, que ja es veia que no sabia ni de què li parlava.

—Al cinema —vaig seguir—. Una sala on es presenten històries amb personatges de ficció i de realitat, barrejats. Damunt d'un llenç o pantalla s'hi projecten unes imatges que la gent es mira des de les seves butaques i...

—Escolteu, jove: ¿vós em voleu prendre el pèl o què?

Vaig quedar molt parat. ¿On havia estat aquells vuit-cents anys que deia que voltava pel món, si no sabia què era el cinema? Li ho vaig voler preguntar.

—Perdoni —vaig fer amb una mica de por, perquè ja es veia que de seguida es molestava—. ¿A quins llocs ha estat, abans de venir a casa meva?

Em mirà amb mala cara, segurament pensant que l'estava embolicant amb incoherències per treure-me'l de sobre, però respongué, encara que amb disgust evident:

—¿Què voleu? ¿Que us faci un repàs dels llocs on he viscut aquests vuit-cents anys? —feia amb cara d'enuig—. Mireu: anem per feina i resumim. Prou treballs m'ha costat, a mesura que he anat minvant, de sobreviure fugint de mil perills mentre cercava algú que em fes la feina que ara us demano i per veure si trobava qui m'ajudés. La veritat, però, és que, en vuit-cents anys, potser només he parlat amb sis o set persones i encara no gaire estona amb cap. Vós sou el que m'heu escoltat més. ¡En vuit-cents llargs anys! ¡Ja és gros, ja!

—¿I on s'ha ficat, tot aquest temps, si es pot saber?

—Vaig fugir cap a Barcelona quan vaig començar a veure'm menut i ridícul. Allò és molt gran, ¿eh? I, és clar, ja podeu imaginar-vos el temps que gasto en viatges, jo. Només heu de pensar que dijous vaig començar a pujar per la vostra escala...

—¡Vatua l'olla! —vaig sorprendre'm—. ¡Cinc dies per pujar tres pisos!

—¡Oh, i el perill! Esglaó a esglaó, tement els sorolls per si venia algú, que una vegada ja em vaig trobar un home en un magatzem que es va posar a cridar i a donar-me cops d'escombra, enfollit, com si jo li hagués fet res de mal.

—Però, escolti, ¿com s'ho ha fet per arribar fins aquí?

—Vaig anar a petar en una llibreria i allí he après moltes coses. La que més em va interessar fou la vostra adreça.

Per uns instants vaig deixar de pensar en ell i em vaig sentir orgullós que algú parlés de mi en una llibreria. Sempre fa goig saber que es comenten les novetats dels autors, pensava. Però m'equivocava de mig a mig, perquè no era el cas.

—¿I quina llibreria era? ¿Què deien de mi?

—demanava amb un excés d'orgull i fatxenderia.

—Hi havia uns papers d'embolicar els llibres on deia Cal Llibre. Es veu que us coneixen, perquè parlaven de vós i deien no sé què d'una factura de llibres que els devíeu. Per això vaig poder saber on vivíeu.

El meu orgull es va desfer com un gelat a ple sol. ¡És clar que em coneixien a Cal Llibre! L'Àngels, la noia que hi despatxava, em deixava endur els llibres a crèdit quan anava escurat de butxaca. Em vaig posar una mica vermell, però ell semblà no adonar-se'n, perquè va continuar parlant com si res.

—Carrer dels Castanyers catorze, tercer primera, li va dir a un xicot que havia preguntat per «l'escriptor aquell del deute». Com que ella havia dit el vostre nom, vaig caçar al vol que es tractava de vós, de qui havia vist, feia no res, un llibre que parlava de la pluja en un prestatge on havia passat una nit enfilat.

Que us coneguin així, de casualitat i encara pels deutes, quan espereu ser reconegut com un escriptor important, fa angúnia, la veritat. Però ell no en tenia cap culpa. I el cas era que havia arribat a casa meva. Sense ganes de preguntar més, per tal d'estalviar noves bufetades al meu amor propi, vaig quedar uns instants en silenci, dolgut. Ell, però, no semblava disposat a deixar que jo em perdés en les meves cabòries. De seguida preguntà:

—¿Quina idea teníeu abans, que semblàveu tan animat?

Llavors vaig recordar la idea que havia tingut d'anar al cinema. Havia llegit al diari que feien una pel·lícula que precisament es deia *Merlí, l'encantador* i ho vaig dir al vescomte Berenguer.

—¡Ja hi estem anant! —cridà fent bots damunt la taula—. Potser sí que aquest sabrà més bé que el Passerell el remei de la meva maledicció. ¿I on dieu que és, ara, aquest Merlí?

¿Com podia fer-li entendre que era només una pel·lícula i que ell no podria parlar-li ni demanar-li un contraverí alliberador? Em sentia tan incapaç de fer-li-ho comprendre, era tal la seva excitació, que vaig haver-me de resignar a sortir de casa i anar al cinema sense tenirne cap ganes. ¡Això que encara no sabia el que m'esperava!

5 *¡Quina sessió de cinema!*

LA DECISIÓ l'havia presa ell, tot i que la idea havia estat meva. No havia comptat amb el que podia significar endur-se un company com el vescomte de Ferragut, i tot seguit em vaig trobar pensant com m'ho podia fer per tal que, sense ofendre'l ni ofegar-lo al fons d'una butxaca, pogués acompanyar-me discretament i sense cridar l'atenció.

Se m'acudí d'endur-me'l dins d'un cabàs dels que faig servir per anar al mercat, però de seguida vaig veure que seria molt estrany que algú entrés en una sala de cinema com si anés a comprar taronges. Llavors vaig pensar en una bossa de plàstic i, quan remenava per un armari cercant la més adequada en mida i discreció, m'aparegué, enterrada, la bossa d'esport de quan encara tenia intencions d'aprendre a jugar a tennis. Em semblà prou correcta i li vaig demanar que s'hi posés, la qual cosa, per a estranyesa meva, féu sense ni el més petit comentari.

Traginar la bossa no era carregós, el que més m'empipava era el soroll de ferralla que feia baixant l'escala, i em vaig imaginar que el pobre vescomte devia anar d'una banda a l'altra per allà dins, de manera que, només arribar al cotxe, vaig obrir del tot la cremallera i aparegué el seu cap pèl-roig tot escabellat, que, amb cara d'esverament, preguntà:

—¿Què, ja hi som?

—¡No home! Tot just som al cotxe. Ara engego...

—¡Si us penseu que pujaré en una d'aquestes màquines infernals aneu ben equivocat, jove! —va retrunyir dins l'automòbil.

—¿Que vol que anem a peu, potser? —feia jo, que en qüestions de comoditat no em deixo pas vèncer i que, a més, no volia de cap manera exposar-me a fer el numeret pel carrer, deixant que la gent pensés que traginava ferralla, o córrer el risc que un dels seus brams a l'autobús provoqués el pànic en els meus conciutadans pacífics. Vaig haver d'imposar-me amb la poca autoritat que sé fer servir en casos extrems—. ¡O s'avé a la meva manera de fer o ja pot buscar-se un altre cronista! ¡Que tanta història, aquí!

Si algú dels qui passava pel carrer a aquella hora del capvespre hagués sentit els crits que fèiem dins del cotxe, de ben segur que, veientme gesticulant sol, com a mínim, m'hauria pres per un guillat. Tot i així, ell va haver de dir la darrera paraula:

—¡No sabeu el mal que fan aquests vehicles del diable! Una vegada vaig estar a punt de morir rostit perquè, per tal de protegir-me del fred, que se m'havia ficat dins l'armadura, se'm va acudir posar-me a dormir sota la tapadora d'aquí al davant—. I assenyalava el motor, amb el seu dit com de joguina.

Vaig fer com que no el sentia, però pensava que Déu n'hi do de l'ensurt que devia haver tingut, el pobre, mentre engegava.

Amb un silenci una mica tens, vam emprendre el nostre recorregut. De seguida vam ser davant del cinema i vaig tenir la sort de poder aparcar ben bé allà mateix. Abans de baixar, vaig creure oportú, aprofitant l'estona de calma que semblava haver-li fet acceptar les meves condicions, de recomanar-li discreció i, sobretot, silenci.

—No cal que li digui que aquí hem vingut a mirar i a callar. Després, quan sortim i tornem al cotxe, pot dir-me el que li sembli, però ara, tan bon punt siguem al carrer, vostè a la bossa, quiet i, sobretot, ¡mut! Si no, el trec de la bossa i el deixo al mig d'una sala fosca com la gola d'un llop i voltat de gent desconeguda...

Algú podria pensar que havia estat massa dur amb ell. A mi també m'ho va semblar, llavors, però al cap de mitja hora em vaig adonar que havia fet curt en el meu discurs d'advertiments i amenaces.

No va dir res i va deixar que l'entaforés a la bossa per dissimular-lo, amb la cremallera oberta per respirar i no passar angúnia.

¡L'angúnia la vaig passar jo!

La sessió ja havia començat quan vam entrar a la sala. Només ocupar el seient i posarme la bossa a la falda ja em vaig adonar que anirien mal dades, perquè es bellugava inquiet. Jo havia demanat la primera fila, que habitualment no vol ningú, per tal d'evitar incomoditats amb els veïns. Un cop assegut, vaig obrir la bossa i en sortí el seu caparró pèl-roig. Fent puntetes damunt dels meus genolls, mirà la pantalla, que semblà hipnotitzar-lo uns segons, però de seguida deixà anar, amb tota la potència de la seva veu:

—¡Ospa, quina cacera!

El primer sorprès amb aquell crit vaig ser jo. Llavors vaig veure que a la pantalla, uns cérvols saltironaven per un parc natural, en el reportatge que feien abans de la pel·lícula. ¡Més d'un espectador es bellugà incòmode en el seu seient i un xiuxiueig de desaprovació s'ajuntà al meu ¡sst! que volia apagar el so del calbot que vaig etzibar al cap del vescomte.

La plantofada féu un efecte immediat, si més no en el seu to de veu, perquè protestà entre dents uns quants renecs de la seva època, però de seguida es posà bé i deixà que les bestioles del curtmetratge fessin la seva via sense que l'entusiasme del caçador sotraguegés la sala.

I de seguida començà la pel·lícula que havíem anat a veure: *Merlí, l'encantador.*

Ambientada en uns boscos ombrívols i carregats de boira, una gelor d'emoció devia recórrer el petit cos del vescomte, perquè alçava el cap amb interès i s'omplia de carais i renois dits per a ell mateix i que només jo devia sentir.

La cosa va anar bé mentre se'ns mostraren els exteriors i els patis d'un castell fortificat que semblava adormit en els temps antiquíssims i una veu ben modulada explicava, al ritme de la càmera, els antecedents de la cort de Camelot. Les imatges i les explicacions mantenien bocabadat el vescomte, ert de l'interès i fent puntetes dins la bossa. Però de seguida tot se'n va anar en orris.

Quan aparegueren a les sales del castell el

suposat rei Artur i el mag Merlí donant-se explicacions sobre els paranys que amenaçaven el rei, el vescomte no es pogué estar de bramar:

—¿De què van vestits, aquest parell? ¡Quins carnestoltes!

Es va sentir ben bé, la seva exclamació. I el murmuri del públic queixant-se de no poder seguir el diàleg, alertà els acomodadors, que se situaren al passadís, ben a prop d'on jo seia, ben sol. I llavors fou el desastre.

Tot just començava la primera batalla i apareixien els primers cavallers al trot, amb les llances a punt, i els penons aguerrits voleiant amb orgull i cridòria de brega. Però, més forts que tota la munió d'armats, els crits del vescomte taparen el fragor de les escomeses.

—¡Alça! ¿On aneu, capsigranys? ¿Que no veieu que us faran miques en un no res? ¿Això és un exèrcit? ¡Una colla d'arreplegats, són! ¡Tanta fama, aquest Artur, ja pot plegar! ¡I el Merlí...!

No va poder acabar. Els llums de la sala es van encendre, la projecció s'aturà i, amb totes les mirades fites en mi, un parell d'acomodadors em varen agafar pels braços sense gairebé ni donar temps al vescomte a ocultar-se dins de la bossa, i em van arrossegar com un sac de patates per tot el passadís fins al carrer.

¡La vergonya que vaig passar! S'havien pensat que era jo, el qui els rebentava la sessió de cinema i, és clar, ves qui els fa entendre que un vescomte que no fa ni un pam i que té una veu de tro que espanta, no trobava bé allò que feien. I encara vaig estar de sort, tal com em van dir en tancar-me la porta als nassos, que no cridessin la policia.

Així doncs, em vaig trobar al mig del carrer, avergonyit per una esbroncada fenomenal i, a sobre, com que en el trajecte la bossa havia anat d'una banda a l'altra, el vescomte, al mig de la vorera, no deixava de cridar com un energumen.

—¿Què us heu pensat, insensats? ¡Aquests cavallers són una pífia, uns enganyapagesos! ¡A sobre que us adverteixo, encara us encareu amb mi! ¡Ah! ¡Si jo tingués la vostra mida, prou pagaríeu amb la forca i el ferro calent la vostra gosadia!

Tothom que passava pel carrer em mirava, pensant-se que jo era un d'aquells artistes ventrílocs que posen veu als ninots, perquè el vescomte, amb el sotragueig, ¡havia sortit de la bossa i saltava irat i furiós al meu costat!

La gent s'aturava creient que era un espectacle de carrer i de seguida es va fer una rotllana de curiosos. El vescomte, en veure-ho, no tingué cap pensada millor que fer objecte de la seva ira els pobres espectadors, i començà a repartir insults sense deixar de saltar:

—¡Badocs! ¡Gamarussos! ¡Pelacanyes! ¡Pencos! ¡Salpassers! ¡Mitges-tites! ¡Encantats! ¡Babaus! ¡Cares de lluç! ¡Malgirbats! ¡Trossos de carn embadalida! ¡Guipaires! ¡Desvagats del diable! ¿Que no teniu altra cosa a fer que embadocar-vos aquí?

Aquell seguit d'insults, en comptes de molestar, van fer que els primers somriures es convertissin en riallades i, ¡encara més extraordinari!, els improvisats espectadors van començar a llençar monedes sobre la bossa que havia quedat feta un manyoc en un racó.

Quan vaig entendre que la cosa podia acabar malament si venia algun guàrdia o el vescomte decidia envestir algú de la rotllana, i veient que la seva rastellera d'insults era gairebé infinita, vaig intentar dibuixar un somrís amb els llavis i, tapant-li la boca amb la mà, arquejava el cos per saludar volent dir que l'espectacle s'havia acabat i que podien continuar el seu camí. El vescomte es movia frenètic entre els meus braços quan l'entaforava a la bossa i per això, creient que era la facècia final del número, tothom va arrencar en un aplaudiment sorollós que, ¡finalment!, donava per acabat l'espectacle.

Esbufegant, vaig arreplegar les monedes de terra i me'n vaig anar cap al cotxe a amagar-me, atribolat, amb les cames fent-me figa i el cervell atordit.

6 *La nit de les sorpreses*

ENCARA ARA no sé per quins carrers vaig conduir el cotxe fins a casa, tal era el meu desassossec. El cas és que vam arribar. En silenci, com qui ja coneix la lliçó, el vaig pujar amagat a la bossa i el vaig tornar a posar damunt la butaca, mentre jo m'anava a beure un parell de gots d'aigua fresca, perquè fins la saliva, havia perdut.

Ens vam mirar amb cara de començar a discutir, ell sorrut i cellajunt, jo a punt d'engegar-lo a pastar fang per la mala estona que m'havia fet passar. Semblava que ningú no gosava dir res, quan de sobte sonà el telèfon i m'hi vaig posar.

Era un amic que em convidava a sopar, però jo, la veritat, no em trobava amb ànims de veure ningú ni de fer cap projecte ni que fos per a l'endemà, si abans no em treia del damunt aquell malson menut i baladrer. Vaig donar unes excuses més aviat ridícules, com ara que estava a punt d'acabar un llibre, i de seguida vaig penjar. Encara no havia deixat anar el telèfon, que el vescomte incansable ja em metrallava amb un seguit de preguntes:

—¿Què és aquest aparell? ¿Com se'n diu? ¿Per què parleu sol? ¿És una arma moderna? ¿De debò creieu que us senten, parlant tan baix? ¿Podríeu parlar amb algú de la casa dels Ferragut o de Vallclara?

Com que és impossible respondre tantes interrogacions, vaig optar per quedar-me mut, donant voltes a la seva darrera idea: trobar algun descendent seu o del mag Passerell. De seguida se'm va acudir que, si n'existien, els podia trobar a la guia telefònica i la vaig obrir per la lletra pe. Ell, una mica molest i gens acostumat a no rebre les respostes que requeria, va estossegar abans de dir:

—¿Ara no penseu parlar més, si no és a través d'aquest tub de cordill entortolligat? ¡Potser sí que us heu oblidat de mi!

—Calli —vaig fer movent la mà com qui s'espolsa una nosa.

Hi havia tres Passerells a la llista, i de seguida em vaig posar a l'aparell, davant l'astorament del vescomte, que emmudí i obrí uns ullets com dues pilotes de ping-pong en sentir-me preguntar:

—¿Passerell?

—...

—¿Podria parlar amb el Passerell més gran de la casa?

—...

—No... No... Li asseguro que no és cap broma, jo només... —i ¡paf!, em van deixar amb la paraula a la boca, perquè em deien que ja n'estaven tips, dels poca-soltes. Primer no ho vaig entendre, però després vaig deduir que més d'una vegada els havien pres el pèl, pel seu cognom, i es malfiaven de les trucades estranyes.

La segona telefonada tampoc no va donar millors resultats, perquè quan em deien «què vol», per no repetir la broma, se m'acudí preguntar si tenien un parent del segle XIII que feia màgia. ¿Us imagineu què devien pensar? Em vaig desanimar, és clar.

—No us senten, ¿oi? —feia el vescomte, que seguia sense entendre res, però reia—. ¿Que us penseu que teniu poders màgics, vós, també?

—Miri, Ferragut —arribava un punt que ja li perdia el respecte i tot, jo—, vostè m'ha fet fer el ridícul al cinema, m'ha fet perdre la tarda abandonant la meva feina, m'escridassa sense parar exigint que em posi al seu servei, i a sobre encara se'n riu. ¡No sé què em guarda d'estimbar-lo escales avall!

Sense ni deixar que s'hi tornés vaig fer-li cinc cèntims del que havia volgut provar i, potser en veure la meva bona voluntat, va ser capaç de demanar-me disculpes per primera vegada, no sense afegir que era inútil buscar cap Passerell o cap Ferragut que sabés de què anava la seva desgràcia, al cap de tants anys.

Com que era evident que tenia raó, me'n vaig oblidar immediatament. I també em va marxar tot del cap quan vaig pensar a mirar el rellotge, que ja marcava tres quarts de deu del vespre. Feia potser sis hores que la ballava amb aquell vescomte inoportú i estava esgotat. En això pensava quan vaig sentir una mena de ronc allargassat que venia del visitant de la butaca.

—¿Que li passa alguna cosa? —vaig fer.

—¡Home, vós mateix! —respongué amb un filet de veu—. No em digueu que el seguit de disgustos que avui he passat, amb l'esperança amb què us he vingut a veure, no fan témer una encongida sobtada, com tantes vegades m'ha succeït...

—¿I aquest soroll que he sentit?

—¡Això rai! —somreia—. ¡És el rau-rau dels budells quan hi ha gana!

Potser hi hauria d'haver pensat abans, que era hora de sopar, però fins que no m'ho va dir ell no vaig parar compte que jo també estava una mica defallit per la gana que, barrejada amb les emocions, fa rodar el cap i raucar la panxa.

—Deu voler menjar alguna cosa, ¿oi? —m'alçava cap a la cuina, sense que se'm pogués acudir què li podia donar.

—Amb un rosegó de pa faré el fet —deia—. Encara que, si hi podíeu afegir una picossada de carn de qualsevol mena, potser aconseguiria recordar el gust que té. ¡Si en fa, de temps, que no tasto calent!

La meva habilitat a la cuina és escassa, per no dir nul·la, però em vaig esforçar a preparar una truita a la francesa i unes botifarres a la planxa, acompanyades de pa amb tomàquet, formatge i unes patates fregides de bossa que tenia per picar entre hores. Ho vaig fer miquetes petites, com si tingués convidat a sopar un ocellet i, per amenitzar l'àpat, vaig empescarme la solució de facilitar-li una canya perquè xumés glopets de vi d'una tasseta.

Aquell sopar senzillet li va plaure tant que, només veure la taula i tastar-lo, va fer que mostrés la seva més completa cara de felicitat agraïda i desfermés la seva dèria d'explicar aventures.

—¡Potser no menjava tan bé i amb tanta comoditat des de l'any que un gavadal de francesos armats fins a les dents van posar Barcelona de potes enlaire!

—¡Però si d'això deu fer prop de dos-cents anys! —exclamava jo, astorat.

—Potser sí. ¡Jo ja ni ho compto! —deia ell, mig rient—. Era tal el desgavell, que tothom corria esverat pels carrers, sense parar compte en res ni en ningú. Jo em vaig poder arrecerar en una fonda de prop de la catedral, perquè havia sentit dir que per allí hi havia un físic molt savi i volia provar si m'ajudava. Amb aquell cacau no el vaig pas trobar. El cas és que en aquella fonda vaig poder manllevar uns trossos de pernil i uns talls de carn que no sé què eren, però que tenien un gust deliciós de fumat, i em vaig regalar uns tecs sensacionals fins que van tornar a posar ordre i vaig estar a punt de morir aixafat per uns bocois que van entrar rodolant al soterrani que em servia de refugi.

Mastegava amb fruïció, però, tot i tenir la boca plena, no tallava el seu discurs entusiasmat:

—Després d'aquells dies, potser vuit o deu, de vida gairebé senyorial, però, vaig passar un dels moments més perillosos de la meva infinita vida —va fer un glopet de vi—. Pensant a repetir la sort, vaig voler provar d'esmunyir-me en un altre hostal, prou gran per trobar un racó oblidat. De fet ho vaig aconseguir, però era tan perdut de tothom que només les rates hi feien estada i, quan me les prometia més felices, em vaig topar de cara amb un ratot fenomenal. Heu de pensar que jo, aleshores, feia ben bé mig pam més. Però aquell monstre m'arribava a la cintura. ¿Sabeu l'efecte que fa trobar-se aquella bèstia peluda i fastigosa, esbufegant amb uns bigotis llarguíssims i una cua que d'una fuetada us pot estabornir? ¡Només de l'angúnia, m'esborrono cada vegada que ho recordo! En aquells moments no vaig pas tenir esma de pensar que era immortal, perquè una queixalada d'aquell animal em podia deixar tolit i malgirbat per tota la vida. Les cames mai no se m'havien mogut tan de pressa com aquell dia.

Interrompé les explicacions per fer una altra glopadeta de vi, només un instant.

—Vaig escolar-me per mil racons, darrere caixes i fustots, sota la paperassa rebregada, cobert per vidres esmicolats, llaunes i tota la infinitud de deixalles que aquella cofurna infecta podia oferir, però de tot arreu van anar sortint rates i més rates, com si la primera bestiota hagués convidat tota la parentela a jugar a cuit amb mi. I jo, tot era esmunyir-me, aterrit, fins que, no podent més, creient-me vençut i rendit, vaig llançar un crit que paralitzà l'enrenou que aquella persecució movia. I no sé si fou per casualitat o pel meu bram, que es presentà algú acompanyat d'un gat que envestí contra les rates amb miols esbojarrats.

—¡Va tenir sort! —exclamava jo, que estava bocabadat escoltant-lo.

—Primer jo també ho vaig creure. Fins vaig gosar somriure, estintolat contra un pot que, amb el meu pes, va rodolar i cridà l'atenció del gat. ¡Com es devia posar de contenta, la mixeta, en veure que podia encalçar la rata més estrambòtica que han vist els segles! ¡I, és clar, si les rates eren grosses per a mi, ja podeu pensar com era un gat i les seves urpes com ganivets assassins! Era tan gros, comparat amb mi, que gairebé li podia passar per sota el cos, jo. I aquesta idea em va salvar, perquè, quan la bèstia se m'abalançà, em vaig ajeure a terra, de manera que les seves urpes van lliscar fent un garranyec escruixidor al ferro de la meva

armadura i ell anà a estabornir-se uns instants contra la paret, els suficients perquè jo pogués fer-me escàpol per una escletxa de la porta i perquè ell es dediqués a les rates, que segurament són més taujanes i no van vestides de ferro. Allí, fent companyia a les rates i al gat, es va quedar el meu bacinet. Me'n vaig adonar després, però comprendreu que no era del cas tornar-hi.

—¿El vostre què, vau deixar? —vaig fer jo, estranyat.

—El bacinet, el casc de protecció. I és clar, el tràfec em costà tres centímetres d'encongiment.

Tot el que havia sentit em semblava extraordinari. Vaig pensar que sí que valdria la pena d'escriure-ho, si mai arribava a entendre-ho del tot i si no estava ja escrit en algun lloc. Aquesta idea em va fer preguntar-li si potser existia algun llibre que relatés la seva llarga existència. La resposta fou contundent:

—Jo no he explicat mai res d'això a ningú. Sou el primer que m'escolteu tanta estona seguida, ja us ho he dit abans.

—¿I no podria ser —vaig aventurar— que el mateix Passerell o qualsevol dels qui eren amb vostè quan es va clavar el punyal, ho deixessin escrit en algun lloc?

—No ho sabria pas dir —deia mentre es passava la mà per la barbeta, pensarós.

Fou llavors quan em va semblar trobar un camí de solució: l'endemà consultaríem tots els llibres que poguessin ajudar-nos, a la biblioteca de la ciutat.

7 *Un matí atrafegat*

DESPRÉS D'UNA NIT de somnis estrambòtics en els quals em vaig veure passant-les ben magres, a estones corrent al davant d'un cavall que m'atrapava i des del qual un cavaller extraordinari m'amenaçava amb una espasa dient que em partiria en dos, i altres estones atrapat dins d'un pot de melmelada amb un gat que es llepava els bigotis disposat a cruspir-se'm, em vaig llevar amb el cap embotit i els ossos cruixits, com si m'haguessin donat una pallissa.

Vaig anar a despertar el vescomte, que havia preferit dormir a la butaca mateix i sense ni treure's l'armadura, perquè «la feina que em daríeu: amb tant de temps de dur-la a sobre és com la meva mateixa pell», segons va dir. Ja feia estona que corria per la casa i estava entaulat, si es pot dir així, al costat de la pica de la cuina, rosegant un tallet de formatge que no sabia pas d'on podia haver tret. Després de dir-li bon dia, li ho vaig preguntar.

—M'he acostumat a furgar escombraries, jo, al cap dels anys —em va dir—. El mal és que vós teniu una mena d'artefacte perillosíssim.

La seva cridòria ja habitual m'espantà, però jo encara estava massa adormit per entendre que em parlava de la galleda de pedal de sota l'aigüera que, com a totes les cases d'avui en dia, conté la bossa de les deixalles. Semblava que hi havia tingut problemes, com de seguida explicà:

—¡La feina ha estat meva per enfilar-m'hi! He hagut de passar per darrere i, grimpant per un ferro, quan he arribat al cim de la tapadora, no sabia pas com fer-ho per obrir. ¡Si m'haguéssiu vist —reia— penjat pels braços i gronxant-me! Fins que d'una puntada he pogut passar una cama i ficar-me a dins. Per això em trobeu tan brut, perquè he furgat entre les deixalles del sopar d'ahir i he arreplegat quatre engrunes i aquesta mica de formatge.

Aquelles explicacions tan fora del comú van ser suficients per recordar-me la trifulga en què em trobava embolicat i els propòsits que al vespre m'havia fet, d'anar aquell matí a la biblioteca amb el meu dispeser. Li ho vaig fer saber i, donades les instruccions de rigor, amb l'advertiment que el silenci en una biblioteca és tant o més sagrat que en un cinema, ens n'hi vam anar.

El viatge, aquesta vegada, no començà amb cap discussió. Acceptà ser transportat amb cotxe i dins la bossa, li costà més d'admetre que me l'havia de posar a la butxaca per entrar a consultar llibres, perquè allà amb bosses no hi podia anar ningú, però finalment s'avingué a entrar a la butxaca de l'americana, que em penjava exageradament d'un cantó, pel pes de la ferralla que vestia el vescomte, i entràrem.

Com que era l'estiu i molta gent feia vacances, no hi havia gaires lectors a les sales. Això em permeté triar una cadira arraconada per penjar-hi l'americana i, xiuxiuejant instruccions de silenci absolut, em vaig alçar per dirigir-me al taulell i demanar els llibres a la bibliotecària. Començaria pel volum d'història més complet i detallat que hi hagués i consultaria l'índex de noms propis. Després cercaria per temes i demanaria els llibres especialitzats que calgués, per tal de trobar alguna notícia sobre el vescomtat de Ferragut, els Passerell, Vallclara o Terraplana. Hi hauria feina.

La noia de la sala de préstecs, que ja em coneixia d'altres vegades, em preguntà si estava escrivint res sobre la història medieval i vaig mig explicar-li que m'interessava pel passat de la nostra comarca, per veure què podia fer. Contenta de poder-me servir, m'anava suggerint llibres i em mostrava la publicació recent de la biografia d'un tal Armand de Collsalarca que havia viscut a principis del segle XIII per la zona i que molt bé podia conèixer el vescomte, quan, del racó on havia deixat l'americana amb el vescomte dins, en vingué un terrabastall enorme.

La bibliotecària i jo vam girar els ulls al mateix temps i vam veure la meva cadira tombada a terra i, al voltant, un cert desconcert amb cridòria. La veu que més se sentia era, com no podia ser d'altra manera, la del vescomte.

—¿I si anéssiu alerta, carallot? ¡Mal llamp us escapci, talp toper!

Hi vam córrer i tots els ulls dels pocs lectors que hi havia es van fixar en nosaltres que, només arribar, vam veure un home per terra, voltat de llibres, que balbucejava unes excuses sense entendre a qui havia pogut atropellar, perquè allà només hi havia una cadira i una jaqueta.

—Jo... m'he entrebancat. Ho sento... Diria que la cadira s'ha mogut... Passava molt carregat... Em sap greu...

Era evident que no sabia a qui demanava excuses i que no podia entendre que, d'una americana tirada a terra, sortissin totes aquelles flastomies. Per sort, el vescomte no s'havia fet veure, entortolligat dins de la meva jaqueta. Segurament per això no parava de cridar:

—¡Que algú m'ajudi! ¡Sàtrapes! ¿No teniu consciència o què? ¡Robaperes desvalguts! ¡Farts de pèsols! ¡Malpencaires! ¡Tiquesmiques! ¡Ensutzats! ¡Cantelluts! ¡Arnats! ¡Figues-flors! ¡Barbamecs! ¡Traginers! ¡Negats! ¡Esfilagarsats! ¡Rosegacebes!

Una tal quantitat d'atzagaiades sortint d'un manyoc de roba rebregat havien de deixar parats per força tots els qui s'hi acostaven amb els ulls oberts com unes taronges. Jo em vaig avançar a recollir-ho tot i, agafant fort amb les dues mans crispades l'americana, vaig palpar el cos del vescomte, que encara va cridar més.

—¡Esgarriacries! ¡Mesquins! ¡Deixeu-me estar, ganàpies sense solta! ¡Desnerits!

No sabia pas quina cara fer-hi, a aquell seguit de disbarats que anaven sortint sense parar de la roba que tenia a les mans. Per sort sóc força ràpid maniobrant amb la fantasia i se m'acudí una explicació per calmar els ànims dels qui em miraven amb una barreja de por i incomprensió.

—Es deu haver accionat la gravadora que porto a la butxaca —deia mirant de posar la cara més convençuda i normal del món—. Disculpin aquest enrenou. ¿S'ha fet mal?

Com que la meva pregunta es dirigia al senyor que encara era a terra, els quatre o cinc que ens voltaven el van mirar i la bibliotecària li allargà la mà per ajudar-lo a aixecar-se, mentre els altres arreplegaven els llibres que li havien caigut. Jo vaig aprofitar-ho per clavar un bon mastegot a l'americana i el vescomte va acabar la seva llista de disbarats amb un «¡Càsum les tripes d'un bacallà sec!», perquè devia entendre que ja n'hi havia prou.

La concurrència, amb l'accidentat refet i el silenci restablert, retornava als seus seients mirant-me de cua d'ull i segurament pensant que jo gravava el seguit d'animalades més poca-soltes que se m'acudien i que com a mínim era un ximple tocat del bolet. La bibliotecària també devia creure que jo no hi era tot, i per això em feia ànsia tornar a iniciar la conversa sobre la informació que havia anat a buscar.

Ja em feia la idea de sortir al carrer per esborrar la mala impressió que havia provocat quan l'home que havia caigut se'm dirigí en veu baixa:

—Dispensi, jove —digué somrient—. ¿Que potser està fent un diccionari d'exclamacions, vostè, que recull tantes i tan sonores expressions?

Vaig quedar ben parat i només vaig poder fer anar el cap amunt i avall per mentir que sí mentre em posava l'americana i, aguantant el pes del vescomte, començava a caminar cap al carrer. Ell em seguia.

—Potser li interessaria conèixer-ne algunes de molt personals que jo tinc i que sempre resulten sorprenents.

No entenia pas què volia, aquell pesat, però no podia pas treure-me'l de sobre. Era un home una mica gran, calb, amb un nas gros i vermell damunt d'un bigotet com un fil, que corbava el cos una mica endavant i continuava parlant, sempre en veu baixa, tot i que ja érem al carrer.

—Jo sóc jardiner jubilat, ¿sap? Sóc afeccionat a la història i prenc nota d'algunes expressions curioses. ¿Veu? —es treia una llibreteta de la butxaca—. La meva dona i jo som molt afeccionats a fer jocs de paraules i anotem aquí les més curioses. Ai, perdoni que li clavi aquesta lata sense presentar-me, jo em dic Ferran de Collsalarca.

—¿Com diu? —vaig aturar-me en sec, només

sentir aquell nom—. ¿Vostè és descendent del cavaller Armand de Collsalarca?

I no va tenir ni temps d'acabar de somriure, que de la butxaca de la meva jaqueta va eixir-ne el cap del vescomte, que va tronar al mig del carrer cridant:

—¡Vatua els rínxols de la reina! ¡Armand de Collsalarca! ¿On ets, esparracat de mena? ¡Vine que t'abraci!

Els qui passaven pel carrer es miraren els uns als altres, cercant el tabalot que saludava així algun conegut. Tothom seguí la seva via com si res, menys el meu interlocutor, que assenyalava amb el dit estirat la meva butxaca, però, pàl·lid, s'ennuegava sense trobar les paraules que volia dir. Els ulls, en canvi, semblaven voler sortir-li disparats de les òrbites. Vaig veure que ja no podria ocultar la presència del vescomte al senyor Collsalarca i, prenent-lo pel braç, el vaig fer arribar fins al cotxe, on, un cop assegut, miraria de fer-li entendre el que havia vist.

No vaig poder, com aquell qui diu, ni començar les explicacions, perquè el vescomte sortia de la butxaca i començava a preguntar i manar:

—¿Armand de Collsalarca? ¿Que el coneixeu? ¿L'heu vist? ¿El podem anar a trobar? ¡Què feu, aquí, aturats, anem-hi! ¡No us encanteu, gansoners! ¡Em friso d'abraçar aquell bergant estripat de Collsalarca! ¡El meu company de caceres! Vinga, ¡amunt i crits!

D'això, de crits, ell n'era especialista, per tant vaig haver de fer un esforç i, esgargamellant-me tant com vaig poder, tallar el seu entusiasme.

—¡Calli, home! ¿No veu que el pobre senyor Collsalarca no entén res del que passa? Deixi'm explicar-li-ho.

I li vaig fer cinc cèntims de l'aparició del vescomte i les seves intencions. Durant la meva explicació, l'home es mantingué mut i sense treure els ulls de la figura del vescomte que, amb cara de fastiguejat i els braços plegats, mostrava una espera impacient i irada. De seguida que hi hagué un moment de silenci m'increpà amb la seva veuota:

—¿Em porteu a can Collsalarca o no? ¡Ja en començo a estar tip, d'esperar! ¿Que voleu que el vostre amic del bigotet tregui la barba, també?

Quan s'impacientava era més insolent que de costum. Vaig voler disculpar-lo davant del passatger mut, que encara no havia recuperat la parla i ja em començava a amoïnar, tan astorat i silent.

—¿Es troba bé, senyor?

—¡És extraordinari! —reaccionava—. ¿Com ho fa?

—¿Com faig què? —vaig preguntar, tement que la sorpresa l'hagués trasbalsat a fins fer-li perdre el senderi.

—¿Com fa parlar el ninotet? —deia ell, començant a somriure i donant a entendre que s'havia pres tot el que jo li havia explicat com una broma fantàstica. Però no es pensava pas que el que deia fes esclatar altra vegada el vescomte per aclarir el malentès:

—¡I vós què, tarota, nas de patata! ¿Ninotet jo? Encara ha de néixer el penques que gosi dir-me ninotet, ¡a mi! Ja us daria titelles, jo, ja, ¡capsigrany esmorteït! ¡Saltamarges! ¡Mitja figa! ¡Nas d'albergínia escalivada! ¡Bigoti pansit! ¡Closca d'ou! ¡Ulls de peix passat! ¡Carbassó neulit! ¡Nyèbit al bany maria!

L'escridassada el sorprengué, i vaig aprofitar per desfer l'equívoc agafant el vescomte i posant-lo a la seva falda, on començà a fer salts amb una fúria desmesurada, sempre bramulant. L'home es va adonar de cop de la realitat que abans no havia volgut acceptar i una mica més i es desmaia.

—¡Senyor Collsalarca! ¡Tranquil·litzi's, home! —i li donava copets a la galta, tot agafant el vescomte, que ja semblava fer el gest de treu-

re's aquella espaseta, remenuda i oscada, però que devia fer mal—. ¿Veu com no l'he enganyat?

—¿Vós sou un Collsalarca? —preguntava ara el vescomte—. ¡És clar! M'ho hauria d'haver pensat, ¡amb aquest nassot!

—¿Em poden acompanyar a casa, sisplau? —deia amb un filet de veu, l'home, i m'allargava una targeta amb uns noms i una adreça—. És que em sembla que em roda el cap.

No vaig fer-me pregar, perquè temia que d'un moment a l'altre fes l'últim ai, després dels disbarats que havia vist i sentit.

8 *Els moderns senyors Collsalarca*

LA IMPRESSIÓ que duia a sobre el senyor Ferran de Collsalarca va fer que es mantingués immòbil i silent tot el trajecte. El vescomte se'l mirava com si hi volgués reconèixer trets del seu avantpassat, i de tant en tant deixava anar alguna exclamació que sotraguejava el pobre senyor i el feia tremolar un instant. Aviat arribàrem al seu domicili.

Vivia en un barri molt allunyat de casa meva, que a mi m'era del tot desconegut. Al peu d'un turó que guardava un castell amagat entre xiprers i àlbers, un grup de casetes voltades de jardí gaudien d'una tranquil·litat antiga. No hi havia brogit de cotxes ni de fàbriques, i semblava que haguéssim reculat anys enrere, pel silenci, la remor del vent entre els arbres i la cantarella dels ocells. S'hi respirava una pau que feia comprensible que el senyor Collsalarca hagués tingut un ensurt difícil de passar, amb l'enrenou del vescomte.

—¿És aquí? —vaig preguntar-li en ser davant del número que indicava la targeta que m'havia donat.

—Sí —deia. Però no es movia.

El vescomte, com si el seu aspecte fos el més normal del món, furgava la porta del cotxe i es disposava a baixar. Ho vaig veure i em va sobtar.

—¿On es pensa que va, vostè? —vaig fer, tement algun numeret dels seus.

—¿Que no hem vingut a can Collsalarca? —retrunyia—. ¿No heu vist el castell? Se m'han negat els ulls i tot, en retrobar-lo.

—¿Què vol dir, en retrobar-lo? —finalment parlava, el passatger espantat.

—¡Ja us hem dit que sóc en Berenguer de Ferragut, jo! ¿De qui us penseu que era, aquest castell? ¡Meu, home! ¡Meu!

—¿Va de debò, que vostè és el vescomte de Ferragut, senyor de Vilaferma i de Terraplana? —tornava a preguntar el senyor Ferran.

—¡Sembleu un xic dur d'orella o de closca, mestre! —tronava el vescomte.

—¡Increïble! ¡Ara veig que els documents no mentien! Jo sóc el cinquanta-dosè Collsalarca, per servir-lo. I vostè deu ser el famós Vescomte Escàpol, de qui les cròniques perden la pista.

—¿Què vol dir Vescomte Escàpol? —rondinava l'al·ludit.

El senyor Ferran desgranà aleshores un seguit d'històries passades que el vescomte seguí amb devoció. La conversa que tenien ells dos es va animar. Es posaren a parlar de gent i de terres com si es coneguessin de tota la vida, de manera que vaig acabar creient que aquell pobre senyor ja estava refet del tot i que el seu entusiasme per la història era una font d'informació molt rica. Els meus dos companys, sense moure's del cotxe, havien intimat tant que era com si jo no hi fos, fins que el vescomte, descarat i pràctic, suggerí:

—¿I no ens convidareu a passar a casa?

—¡Oi tant, vescomte, i tant! —feia l'altre, baixant del cotxe.

Semblaven donar per entès que jo traginaria el vescomte, que ja em mirava demanant que l'agafés, per seguir l'home que obria la porta de casa seva i ens hi esperava. Ho vaig fer pensant que el món és injust i a vegades, per tenir contents els amics, es fan coses ben estrambòtiques.

Quan vam ser dins, ens féu passar a un despatx ple de llibres i mapes que començà a desplegar, fet que provocà un entusiasme creixent en el vescomte, que preguntava per les transformacions que havia sofert la comarca, dient noms de llocs que jo no sabia ni que existissin, però que per a ells dos devien ser familiars.

Després de contar-se mil anècdotes dels Collsalarca i dels Ferragut, s'esplaiaren en lamentacions perquè un antic bosc havia quedat soterrat per pisos i cases o perquè una muntanya havia estat esllavissada i uns conreus esborrats pel progrés, que tots dos maleïen amb la mateixa contundència. I així haurien estat potser mesos, si no hagués estat per un soroll que arribà de la porta del carrer i que féu que tots tres ens miréssim sorpresos.

—¡Caram, la Sílvia! ¡Me n'havia ben oblidat! —deia el senyor Ferran.

—¿Qui dieu? —preguntava el vescomte.

—La Sílvia, la meva dona —responia ell tot mirant el rellotge—. És clar, ¡si ja és gairebé l'hora de dinar!

La remor d'uns passos que s'anaven acostant es va fer acompanyar d'una veu, quan la porta s'obria, abans que poguéssim reaccionar i amagar el vescomte:

—¿Que ets aquí, Ferran? ¡Ai, perdó! No sabia que tenies una visita —em mirava a mi i m'allargava la mà, somrient: no havia vist el vescomte—. Molt de gust.

Era una dona d'uns cinquanta anys, alta i molt prima, que es veia més jove que el seu marit, potser perquè duia un xandall i semblava molt activa. Amb uns ulls simpàtics, em mirà esperant que jo em presentés. Quan ho vaig haver fet, seguí parlant:

—M'ha de dispensar l'aspecte, perquè vaig vestida de feina. El meu marit ja li deu haver dit que dono classes de gimnàstica, ¿oi? —i mentre ho deia, sense deixar-nos reaccionar, deixà anar la bossa que duia penjada a l'espatlla al damunt de la cadira on el vescomte es mantenia en un silenci inusual, que ben aviat es va trencar.

—¡Càsum l'olla! ¡Camàndula esllanguida! ¡Trinxeraire de canyar! ¡Femella agosarada!

Ja era forta, ja, la veu del vescomte, però el xiscle de la bona dona va apagar els insults que ell anava desgranant. El senyor Ferran s'atansà ràpidament a la seva dona, que amenaçava de tenir un treball, i amb el xisclet enganxat al coll com una sirena espatllada, corria per l'habitació donant voltes com si s'entrenés per a una cursa de bojos. Jo, mentrestant, rescatava el vescomte i retornava la bossa a la mestressa, amb la millor cara de bon minyó que sé posar.

Em va semblar que no era jo, el qui li havia

d'explicar aquella presència insòlita, sinó el seu marit, i ho va fer ràpid i bé. Van sortir una estona de l'habitació i, quan al cap d'uns minuts van tornar, la dona semblava haver entès de què anava tot, encara que mirava amb natural malfiança la petita figura del vescomte, que tingué l'encert de demanar disculpes a la seva manera:

—Us prego que accepteu, oh, senyora de Collsalarca, la meva més humil reverència, amb el descàrrec del mal que us hagi pogut ocasionar, bella dama.

El discurs em deixà bocabadat, perquè no pensava pas que d'aquell malparlat poguessin sortir cortesies semblants que, de fet, tingueren un efecte màgic sobre la senyora Sílvia, que li somrigué obertament.

—Potser que mengéssim alguna cosa —proposava, restablerta la calma, el senyor Ferran—. Si els sembla, poden compartir el dinar amb nosaltres, ¿oi, Sílvia?

—¡I és clar! —feia la dona, que de sobte semblava encantada mostrant el menjador als convidats.

Ens vam posar a taula i, seguint els meus consells, li foren servides, convenientment esmicolades, les viandes al vescomte.

Al llarg de l'àpat, ple de cortesies que m'excloïen, perquè devien pensar que jo era un plebeu que no mereixia cap atenció, ells que descendien de nissagues tan senyores, els vaig parlar del meu interès per solucionar el problema del vescomte minvant. Els nostres amfitrions, disposats a participar en la resolució del cas, anaren fent propostes, algunes força divertides, que no sempre complaïen el vescomte, com la de la senyora Sílvia:

—Si vol jo li aplico un extensor i, potser amb el temps, s'allargassa.

Repenjat a la gerra d'aigua, el vescomte estossegà, mentre, rient, jo li explicava què era un extensor. Estic segur que no renegava perquè la proposta era de la dama.

Les idees del senyor Ferran eren més enraonades. Parlava de consultar arbres genealògics i documents de l'any de la picor i insistia a treure l'entrellat d'un suposat parentiu entre la casa de Collsalarca i la de Ferragut que, dissortadament, havien anat molt de baixa des que havien estat desposseïts els hereus de terres i títols, abans de la Guerra de Successió, cap a finals del 1680.

Quan el vescomte sentí allò, es posà dret sobre les estovalles i, sense parar esment a la sucrera, avançà dient:

—¿Qui ha gosat usurpar als hereus de Ferragut honors i terres? ¡Maleïts descreguts! ¡Bords! ¡Marcits sense entranyes ni vergonya! ¡Que el rei Jaume, nostre senyor, alci el cap! ¡Mira que en són, de malastrucs i vils! ¡Esparracats de mena!

El senyor Ferran el calmà dient-li que seria possible buscar informació precisa en els papers conservats al castell, que encara no havia pogut estudiar amb deteniment.

—Hi ha una caixa plena de papers per ordenar. El meu amic Bragulat, l'actual propietari, em parlà fa un temps d'uns lligalls que detallaven experiments alquímics.

—Els alquimistes eren els bruixots, com químics, antics, ¿oi? —vaig dir jo, amb entusiasme naixent—. ¿I vostè podria facilitar-nos aquests documents?

—És clar que sí —responia ell.

—¡*A la babalà*! —exclamà de sobte la senyora Sílvia, que ens va deixar a tots ben parats.

—¿Com diu? —vaig reaccionar.

—Deixi-la estar —em contestava el seu home—, que de tant en tant, per distreure's, parla reversible, que diu ella.

Reversible volia dir que aquella dona deixava anar frases aparentment sense sentit, però que tenien la gràcia de llegir-se igual del dret que del revés.

—Se'n diu palíndroms, d'aquest joc amb les paraules —vaig voler fer el savi.

—I trama Martí —em contestava la dona, com si volgués donar a entendre que tant li feia el nom perquè l'important era ser enginyós.

—Va, Sílvia, no juguem, ara —deia, una mica molest, el senyor Ferran—. Hem d'ajudar el vescomte.

—¡Al castell falta gent, diantre! —cridà, ell, potser amb la gola seca de tant callar i escoltar.

La feina va ser meva per convèncer-lo que era preferible que no ens acompanyés, per evitar conflictes. Fins que la senyora Sílvia no li pregà que es quedés a fer-li companyia mentre jo i el seu marit investigàvem, no ho acceptà, i encara a desgrat. Finalment, però, el senyor Ferran i jo vam anar-hi.

9 *El pobre castell dels Ferragut*

—ENDAVANT, Ferran. ¿Com anem?

Un senyor força alt, amb una cabellera blanca molt ben pentinada, ens havia obert la porta i somreia afable en veure el senyor Collsalarca. A mi també em va donar la mà.

—Ens disculparàs que et molestem, ¿oi, Martí? Aquest amic meu, que és escriptor, té interès a consultar alguns dels papers dels Ferragut que guardes. Sobretot aquell tractat de bruixeria de què un dia em parlares. Jo li he dit que tu ets una persona amable i que no et faria res.

—¡I ara! —deia, i ens feia passar endins—. Tot seguit el buscarem. Però anem a dalt, que estarem més còmodes. ¿Heu pres cafè?

Després d'un llarg corredor que donava a un pati enorme i voltat d'arcades, pujàrem per una escala i, travessant moltes habitacions que em cridaren força l'atenció perquè estaven ben buides, sense mobles ni quadres, ni res del que jo imaginava que hi havia en un castell, vam arribar en una saleta, on quatre butaques i una tauleta lacada de blanc donaven la impressió de trobar-se en un piset modern i, fins i tot, esquifit. Contribuïa a aquesta idea d'estretor un sofà arraconat que devia servir de llit i al seu costat una cuina de càmping que va escalfar la cafetera, mentre ells dos parlaven de la salut i del temps que feia que no es veien.

Devien notar que em cridava l'atenció el fet que en un castell tan gran tot es concentrés en una sola estança i el senyor Martí Bragulat va voler aclarir-m'ho:

—No s'estranyi de veure que només faig vida aquí. El castell és massa gran per a mi sol i de bon grat me n'aniria a una caseta com les altres. El que passa és que el vaig heretar, però no tinc ni cinc i ningú no pot pagar el que val aquest edifici. Total, que he hagut de vendre'm una a una les pertinences que decoraven el castell i vaig tirant en aquest raconet.

«¡Si el vescomte Berenguer sabia que havia mercadejat amb el patrimoni dels Ferragut!», vaig pensar. ¡Començaria a cridar fins a encongir-se del tot! Però no vaig dir res, és clar.

—El cas és que l'amic Martí —afegia el senyor Ferran— sent una gran passió pels papers i els llibres antics i ha guardat tots els documents escrits que trobà al castell.

—¡Això no m'ho vendré pas mai! —deia el senyor Bragulat, amb un punt d'orgull—. Però les coses velles ja no semblen interessar a ningú. ¡Tant que m'agradaria que algú m'ajudés a posar ordre en tots aquests paperots! Em moriré i tot anirà al foc...

Em feia pena pensar que potser tenia raó, però com que era un home molt animós, de seguida va canviar la conversa cap al que havíem anat a buscar.

S'alçà i remenà en una mena d'arca de fusta corcada, per treure'n uns munts de papers lligats amb un cordill. Es va posar les ulleres i va anar-nos-els passant d'un en un, com qui descobreix un tresor preciós. I, de fet, ho eren, un tresor, aquells papers.

Amb cal·ligrafies molt diverses i complicades, alguns mig esborrats, anaren passant per davant dels meus ulls llistes d'objectes deixats en herències familiars, cartes amb notícies oblidades en la història, confidències d'homes i dones morts feia centenars d'anys, poesies escrites amb mà tremolosa, documents de compra-venda de terres i cases que ja no existien, nomenaments i títols que ja ningú no recordava. Tota la història d'un món per a mi fascinant i desconegut que em va fer oblidar el que hi havia anat a fer, allà, entusiasmat amb els mil llibres que es podien escriure esbrinant aquella paperassa. I hauria perdut la noció del temps i tot, si no hagués estat pel senyor Bragulat, que em produí un ensurt quan exclamà:

—¡Ja la tinc! —i brandava una estranya llibreta de paper molt gruixut i fosc, que semblava feta a mà, aneu a saber quin segle—. ¿Veieu? Aquí ho diu: *Alquímia*.

Vaig obrir els fulls rònecs d'aquell quadernet, amb molt de respecte i una certa emoció. No sabia què podia passar, endinsant-me en els secrets de la bruixeria antiga, i em feia por l'experiència del vescomte Berenguer. No entenia ni un borrall de la lletra que veia, i sort en vaig tenir del senyor Ferran que, avesat als documents històrics, anà llegint, no sense una certa dificultat, el que hi deia.

A poc a poc, aquelles pàgines misterioses ens anaren revelant alguns dels seus misteris. El senyor Ferran, amb la seva veu lenta i una mica fosca, de tant en tant s'enriolava i de tant en tant s'aturava fent cara d'estranyat pel que hi llegia. Tots vam riure molt, per exemple, en saber que «si es fan tres esternuts seguits en un matí de sol i després es giren els ulls a l'es-

querra, la primera persona que us trobeu, sigui senyor o vassall, s'entrebancarà en arribar a casa».

Jo ho escoltava tot amb atenció i prenia algunes notes, sense saber massa de què em podien servir. Vam passar totes les pàgines escrites sense trobar ni una sola referència al Passerell o a la fórmula de la immortalitat encongidora, això que els consells, que diverses mans hi havien anotat al llarg dels segles, eren tan variats com insòlits.

Teníem la impressió d'haver-nos divertit força, però de no haver aclarit res, el senyor Ferran i jo. El senyor Martí, en canvi, restà pensarós un moment i digué:

—¿Us heu fixat que aquesta llibreta està escrita davant darrere? Vull dir que els primers fulls estan en blanc i després les diferents anotacions sembla que vagin de la més moderna a la més antiga.

—Tens raó —li deia el senyor Ferran, fullejant-la—. El tipus de lletra també confirma aquesta idea.

Aleshores fou quan jo vaig tenir una il·luminació brillant. Li vaig prendre la llibreta de les mans; passant els dits a poc a poc per damunt de la primera pàgina en blanc, s'endevinaven uns signes estranys que podien ser lletres.

—¡Ep! —descobria, jo—. ¡Aquí hi ha més coses!

El senyor Ferran, passant-hi els dits, confirmà el que jo deia. Després ho comprovà el senyor Martí.

Tocàvem i retocàvem aquell full buit, i a mi m'anava ballant pel cap que si algú del món podia treure l'entrellat d'aquell misteri era el vescomte Berenguer de Ferragut. Ho tenia tan clar, que se m'escapà en veu alta després de donar-hi mil voltes.

—El vescomte Berenguer potser ens ho aclareix, això.

—¡Bé prou! —deia, burleta, el senyor Martí Bragulat—. ¡Justament el Vescomte Escàpol, vol trobar, vostè ara!

El senyor Ferran em mirà interrogant-me i jo vaig fer que sí amb el cap, donant entenent que calia explicar-li a aquell bon home la veritat del que ens havia dut allí, per difícil de pair que fos.

Els ulls del senyor Martí es van anar obrint i obrint, i la nou del coll se li movia amunt i avall, empassant saliva sense parar. Quan va haver sentit tot el relat, estava blanc com la cera i només deia, baixet, per a ell mateix: «¡I ara! ¡I ara!», potser resistint-se a creure-ho.

—Si ens acompanyes a casa, ho veuràs —li proposava el senyor Ferran.

L'home no deia res, però es posà dret i prengué una clau enorme que devia ser de la porta del castell. Caminava cap al carrer, segurament encara amb la impressió carregada a les espatlles, perquè ajupia molt el cap, profundament aclaparat. Jo els vaig seguir, sense oblidar, però, de prendre la llibreta per tal de mostrar-la al vescomte Berenguer.

10 *Un món d'anada i tornada*

QUAN ARRIBÀREM tots tres a can Collsalarca, el vescomte remenut i la senyora Sílvia semblava que fossin amics de tota la vida. S'estaven asseguts l'un davant de l'altra jugant a fer palíndroms, enriolats. Les riallades del vescomte Berenguer ressonaven d'una manera tan espantosa que els vidres de les finestres vibraven.

—¡Molt bo, aquest! —se sentia des de la vorera, abans d'arribar a la porta, la veu de tro del vescomte—. ¡*Anima la mina*! ¡*Anima la mina*! Està bé. I què me'n dieu d'aquest altre: ¡*Arròs a la sorra*! ¡Tretze lletres: us guanyo!

Aquells bruels incongruents i còmics no van semblar somoure ni un pèl el senyor Martí de les seves preocupacions. Jo sentia curiositat per saber què diria quan veuria el propietari d'aquells brams.

La reacció no em decebé. En acostar-se a la butaca on seia l'homenet, les cames del senyor Martí flaquejaren i caigué rodó a terra, tan llarg com era. El correm-hi tots fou instantani i la senyora Sílvia el reanimava amb una infusió, mentre el vescomte, feliç com potser no ho havia estat en molts segles, m'explicava amb la seva veuarra tronadora:

—¡A fe que la dama és cortesa, diastre! ¡I esmolada de closca, no diguem! Veig que el temps no ha minvat les virtuts de les senyores. ¡Si en fa de garlades revesses! Té: *anota la Tona*. Ja sé que es diu Sílvia, però és que tot s'encomana. Aquesta en tenia onze, de lletres.

Estava realment entusiasmat i obsessionat amb el joc, tant, que ni tan sols parava esment en el pobre home que havia fet figa en veure'l. Vaig haver de cridar-li l'atenció, tot contant-li la troballa de la llibreteta que li mostrava.

Es posà seriós de cop. La prengué i buscà enfebrosit entre les pàgines, com si sabés què havia de trobar-hi. De sobte s'aturà i llegí:

—«Ço que ab ulls no sé veure és el món» —féu una pausa solemne i després digué, emocionat—: Això és escrit per la mà del meu amic Armand de Collsalarca.

—¿I què vol dir? —vaig fer jo.

—No ho sé pas —deia—. El baladrer de Collsalarca de tant en tant tenia aquestes sortides. Jo li ho vaig sentir a dir molt sovint, això. I no ho entenia, tampoc. Em penso que ni ell no sabia què volia dir. Ara, ¿què hi fa, aquí, escrit? Aquests papers jo els havia vistos a mans del meu pare —girà uns quants fulls més—. ¿Veieu? Això ho va escriure un dia al meu davant: «Si es trempen espases en quart minvant, en cenyir-les traïdors, s'oscaran.» Eren coses seves.

Em semblaren curiosos i estranys, els avantpassats, amb aquestes manies. Però la frase dels ulls que no veuen em va fer pensar en la lectura del tacte. Ho anava a dir, quan vaig veure el senyor Bragulat amb els colors ressuscitats a la cara.

—¿Es troba més bé? — vaig fer, per dir alguna cosa.

—¡No sigueu tan nyicris, home! —bramà, per animar-lo, el vescomte, sense preveure que els seus crits el podien tornar a tombar.

—Pren-te la til·la a poquet a poquet, Martí —deia la senyora Sílvia.

—Ja estic bé, ja —deia l'home, la veu un xic tremolosa—. Deixeu-me temps per refer-me.

De fet tenia raó: calia un cert temps per

acostumar-se a la visió d'aquell cavaller en miniatura, que ara se'l mirava amb cara sorruda i tornava a llançar-li un bram:

—I vós, parlant de tot, ¿qui sou, si es pot saber?

Vaig fer-li'n cinc cèntims, dels propòsits que ens havien fet explicar-li el seu cas al senyor Martí i, quan sabé que era el propietari del seu castell, deixà d'escoltar-me i encara braolà més:

—¡Lladregot! ¡Usurpador barroer! ¡Malgirbat! ¡Clofolla! ¡Esgratinyat! ¡Furgafemers! ¡Rampoina! ¡Estanyapaelles! ¡Parracaire! ¡Il·legítim! ¡Sac de mals!

La feina va ser meva per interrompre la seva nova rastellera d'insults i fer-lo entrar en raó, per tal que entengués que la col·laboració d'aquell home (que, per cert, vaig deixar ben clar que no li havia pres res, a ell) ens era preciosa. Només entrà en raó quan la senyora Sílvia intercedí tot dient:

—Vescomte, vós: *cor i roc.*

La seva intervenció, fent com si tornés a jugar, féu el seu efecte en el vescomte, que contraatacà, mai disposat a donar-se per vençut:

—*Amada la dama.* ¿Què us ha semblat, senyora?

—Sou un as —deia jo—, però ara ja no es tracta de fer jocs de paraules. Som aquí perquè desxifreu alguns misteris de la llibreteta que ens ha deixat el senyor Martí Bragulat.

Tornà a fullejar-la, ara sense que res li cridés l'atenció i jo ja pensava que havíem perdut el temps, perquè me la tornà oberta per una pàgina, dient:

—Això també és lletra d'Armand de Collsalarca, deu ser un inventari.

—¿I què hi fa un inventari en una llibreta de fórmules suposadament màgiques? —deia el senyor Ferran i pensàvem tots.

M'ho vaig mirar sense gaire interès. La llibreta passà als altres i la senyora Sílvia es posà a llegir en veu baixa mentre nosaltres tres ens miràvem amb un cert desànim. No ens adonàrem que la dona estava guixant aquell document antiquíssim fins que el senyor Martí Bragulat llançà un crit, empal·lidint:

—¿Què fas, Sílvia?

—I trama Martí. T'ho he dit sempre i no saps entendre que cal fer anar la closca —li respongué ella, passant-li la llibreta amb un somrís.

La llista d'objectes, molts d'ells desconeguts per a nosaltres, tenia uns mots subratllats i presentava aquest aspecte:

«Guardabraços, greva o gambera, mà de morter, dorsal, gorgera, *salta l'atlas*, gossets, estrep, sabató, sagnies, faldó, pancera, faldatge o llagosta, cota de malla, escarsella, flancalet, manyopla, *a mà la mà*, colzera, bacinet, cuixot, espatllàs, dorsal, guardabraç, peto, guantellet, maça, coltell...».

I encara continuava omplint la pàgina de noms de coses que el vescomte devia conèixer perquè eren dels seus temps. L'important, però, és que la senyora Sílvia n'havia subratllat dos i sentenciava:

—Ara és cosa del vescomte, saber què volia dir el seu amic Armand de Collsalarca.

Ens el miràrem interrogant-lo amb els ulls i a ell no se li acudí res més que seguir jugant, quan li repetírem «salta l'atlas» i «a mà la mà»:

—*A sac a casa* —va cridar amb una riota que ens deixà parats.

Em va treure de polleguera:

—Vostè s'ho passa d'allò més bé, ¿oi? ¿Que no veu que se'ns hi farà fosc, aquí, mirant d'ajudar-lo? ¡Potser que col·labori, home!

—No s'esveri —em digué la senyora Sílvia, més a l'aguait que jo—. Potser té raó el vescomte dient que hauríem d'anar tots cap a casa seva. ¿Oi que vol dir que anem cap al castell tots junts?

El vescomte va fer cara de baixar de l'hort, però de seguida tronà:

—¡És clar, home! ¡És que aquest escriptor no entén mai res!

I encara vaig quedar jo com el ruc de la colla. Ja en començava a estar tip, d'aquell joc idiota, però en comptes d'enfadar-me, vaig optar per posar-me dret i fer camí cap al carrer. Ells em van seguir. Aquesta vegada el vescomte el duia la senyora Sílvia i semblava més content que un gínjol. Jo també anava més còmode.

11 *Tot clar, però a les fosques*

QUAN EL VESCOMTE entrà per la porta del castell i el va veure tan buit, va posar uns ulls d'esverat terribles i no es va poder estar de fer la cridòria que tenia per costum quan les coses se li torçaven una mica:

—¡Mala negada! ¡Quin botí han fet, lladregots de mal astre! ¡El meu castell buit! ¡Vils! ¡Furganassos! ¡Pansits! ¡Rates de femer! ¡Farcits de vinagre! ¡Empastifats! ¡Bandolers!

Aquesta vegada abreujà, perquè l'emoció de trobar-se a casa després de tants segles el devia fer contenir. De seguida restà en silenci i, sense baixar dels braços de la senyora Sílvia, mirava i remirava amb els ulls cada vegada més tristos.

En ser a l'habitacle del senyor Martí, vam tornar a preguntar-li, amb una certa por per l'aspecte desolat que presentava, si sabia dir-nos alguna cosa dels mots *salta l'atlas* i *a mà la mà*.

—Ha de referir-se a algun mapa —feia el senyor Ferran—. Martí, ¿no tens mapes, entre els papers?

—¡Home, no crec que es tracti de posar-se a fer salts a sobre d'un paperot! —responia l'altre.

I aleshores vaig demostrar que no era tan inútil com el vescomte volia fer creure, dient:

—¿No hi ha cap mapa, per aquí, pintat? —el vescomte ni em sentia, arraulit com una criatura a coll de la senyora Sílvia; vaig haver de cridar-li, tustant l'armadura—. ¡Dic si hi ha algun mapa pintat!

—¿Mapa? ¿Què us empatolleu, ara, vós? —s'enfuria.

—Sí, home, sí —procurava mostrar paciència, jo—. Un mapa, una carta de navegar, un dibuix de camins, un atlas, ¡el que sigui!

—Al pati d'armes —deia ell com si res, però amb posat de desafiar-me.

Vam posar-nos tots drets i baixàrem l'escala acceleradament.

En un racó d'aquell pati desolat al qual ens guià el vescomte amb el seu ditet alçat, hi havia una llosa a terra amb unes ratlles mig esborrades i les restes gairebé inapreciables d'uns símbols estranys. El vescomte demanà que el deixéssim a terra, i allí, damunt la llosa, ens va anar explicant que allò havia estat un petit homenatge que havia fet al seu pare, el rei Jaume I:

—En concedir-li el títol de vescomte, a ell i a tots els seus descendents, el rei féu posar aquesta pedra on s'indicaven els termes de les terres dels Ferragut. Aquí hi ha l'escut.

Calia molta vista i més imaginació, per veure-hi res, allí, però tots assentírem amb el cap, no fos que tornés a bramar els seus fàstics.

—Doncs ara salta l'atlas —deia la senyora Sílvia—. No pot ser cap altre, em penso.

—¿Voleu que em posi a fer bots, aquí? ¡Quin ridícul! —es queixava el vescomte.

Però obeí, segurament perquè li ho demanava la dama, sense cap resultat positiu.

—Disculpi —féu el senyor Martí—, però em sembla que el vescomte pesa massa poc. I no s'ofengui...

Dient això, el bon home es posà a fer salts com una criatura esvalotada i de seguida s'hi ajuntà el senyor Ferran. Devien pensar que tornaven a ser nens, però no aconseguien sinó cansar-se.

Llavors vaig veure la paret del fons, més enllà de la pedra que insistien a castigar. Hi havia les restes d'un relleu i ho vaig dir al vescomte, que s'alegrà de cop.

—¿Veieu? Aquí es pot veure més bé l'escut de la casa de Ferragut. Una espasa empunyada amb energia per aquesta mà i al fons un sol resplendent amb el nom.

—¡Una mà! —feia la senyora Sílvia—. Just el que calia, després de l'atlas, és a dir, havent saltat l'atlas.

I quan, dient això, posà la mà al damunt del que en quedava de la mà de l'escut de la paret, els dos homes, que descansaven de la seva sessió de saltirons al damunt de la llosa que havia estat un mapa, es desplomaren avall com si la terra se'ls empassés, deixant anar un crit de terror que ens posà a tots els pèls de punta.

Recuperar-los de la runa sense cap mal irreparable va portar una estona. Quan vam haver acabat ja només es veien ombres, perquè el sol s'havia post. El senyor Martí, per demostrar-nos que no s'havia fet res, anà a buscar una llanterna i, quan tornà, ja estàvem tots abocats al forat que havia quedat i, una mica esporuguits, contemplàvem les escales.

—No sabia pas que hi hagués aquest passadís —deia el vescomte per acabar d'atemorir-nos—. ¿On deu portar? ¡Mira que si m'han minat el castell! ¡Va, baixem!

Donava ordres, com de costum, comptant que algú el duria a coll. Em va tornar a tocar a mi, perquè la senyora Sílvia, més àgil per raons de professió que els dos homes, duia la llanterna i obria camí al davant. Ens pensàvem que seria una expedició llarga, però, quan jo només havia baixat tres esglaons i tenia el cap a l'exterior del túnel, vaig sentir que la dona deia des de baix:

—Ja està, s'ha acabat el túnel.

—¡Quina expedició tan absurda! —se m'escapà de dir.

—Baixeu, baixeu —m'indicaren—, que aquí hi ha una mena d'habitació.

Efectivament, amb la llanterna vam observar que quatre parets excavades en la roca eren el final de l'excursió pels soterranis. De nou decebuts, exhaurides les dues pistes que la senyora Sílvia havia trobat escrites, ja no sabíem què fer. Un silenci descoratjat ens acompanyava mig a les fosques, fins que el senyor Ferran va dir el que pensàvem tots:

—Si almenys tinguéssim una altra pista...

—A la llista no hi havia cap altre joc de paraules —deia la senyora Sílvia.

Per confirmar-ho, el senyor Martí va treure's la llibreta de la butxaca i aleshores ens vam quedar d'una peça: el primer full estava escrit amb tinta fluorescent, ¡que era el que en passar-hi els dits havíem notat! I, a cor, tots vam llegir-hi: «EL CREC, T'ATRAPA», sense entendre res del que dèiem.

—¡Això no pot ser un palíndrom! —deia jo, ja obsessionat per la mania de llegir el mateix del dret i del revés.

La senyora Sílvia, però, se m'avançà, segurament pel costum que tenia de girar-ho tot:

—«Aparta't, cercle.» ¡És fantàstic! Al revés vol dir una altra cosa. Això és obra d'algú molt astut.

Contagiat per l'ànsia juganera de la dama, el vescomte féu ressonar la seva veu en aquella estança reduïda i repetí:

—¡Aparta't, cercle!

Llavors el terra es bellugà i vam girar com si anéssim en uns cavallets de fira. La llanterna va caure a terra i, tot i la foscor, vam distingir ben clarament un petit cofre que havia aparegut en aquell racó en moure's la pedra circular de terra. El moviment cessà i, encara no refets de l'ensurt, però disposats a tot, ens acostàrem a la capseta que deixava anar una resplendor lleu de les cintes que la creuaven.

No ens atrevíem a tocar-la, però el vescomte ens féu adonar de les dues lletres que hi havia a la tapa, a banda i banda d'un escut:

—¡L'escut dels Collsalarca! —exclamava—. I les lletres A C no poden ser sinó les inicials d'Armand.

Com que ell no podia obrir-lo per la mida, passat el primer temor, em vaig disposar a forçar-lo, però no calia: la tanca era oberta.

Contenia dos papers cargolats amb una cinta i em va semblar que jo no havia de tocar-los, perquè allí hi havia els descendents i l'amic íntim del propietari del cofre. El senyor Ferran els llegí en veu alta:

—«Anul·la la lluna. No sap pas on. L'any és senyal.» —digué a poc a poc.

Jo hi vaig reconèixer les paraules que havia dit el Passerell quan donà el beuratge al vescomte, però no vaig poder dir res.

—¿I no diu res més? —ja preguntava la dona—. ¡Ja comença a atipar-me, a mi, tant llegir bestieses revesses! ¿L'altre és igual?

No, l'altre no era igual. Era molt diferent. Es tractava d'una carta que Armand de Collsalarca escrivia al seu amic desaparegut, Berenguer de Ferragut, que ara, mentre escric, tinc al meu davant. I deia així:

«Déu te guardi on siguis, Berenguer, vescomte de Ferragut i senyor de Vilaferma i Terraplana.

»En aquest any del Senyor de mil dos-cents setanta-vuit, vell, cansat i enyorant-te, proper a lliurar la meva ànima al Més Enllà, faig enterrar aquests missatges amb l'esperança que algun dia els trobaràs. He viscut a l'aguait de veure el jorn que tornaves per poder-te alliberar de la maledicció que el brètol del Passerell et llançà sense voler. Perdona'l: era tan ase com poc maliciós. El mal, però, ha resultat irreparable.

»Has de saber que he dedicat tota la meva vida a la recerca de l'antídot per deslliurar-te del beuratge que et donà aquell ximple. Finalment, no fa ni un any, l'he aconseguit d'un savi de Sicília. No et pensis pas que és una plagasitat d'aquelles que ens fèiem quan érem joves: va del cert.

»Beu-te tres gots d'aigua bullida i, entre got i got, acomplint la primera condició, desxifra les paraules del màgic liró que t'escric en un altre paper. Quan sàpigues què volen dir, seràs lliure d'encanteris i, és clar, tornaràs a ser mortal, però feliç, espero, amb els teus.

»Amb les expressions de l'amistat que el temps no marceix, rep una abraçada del teu fidel Armand, senyor de Collsalarca.»

En llegir això, l'emoció ens mantingué en silenci, esperant la reacció del vescomte, que, en un racó, no deia res, mirant a la paret, com encantat per la impressió d'aquell missatge d'amistat escrit feia més de set-cents anys. Vaig haver d'estossegar i dir:

—Sembla que el seu amic ha trobat la sortida.

—Sí —deia ell amb una veu tan baixa que em va fer pensar que no es trobava bé; de seguida reaccionà, amb to estrepitós—: I doncs, ¿per què no bullim l'aigua, d'una vegada?

Sortírem del forat impacients i, al cap de no res, miràvem com la cuina de càmping del senyor Martí escalfava un pot amb aigua. Sabíem que, a més, caldria esbrinar què carai volien dir els sortilegis d'aquell bruixot esgarriat, per això tots, com jo, donàvem voltes al magí repetint: «Anul·la la lluna. No sap pas on. L'any és senyal», sense resultats, quan l'aigua ja arrencava el bull. Com que havíem de deixar-la refredar si no volíem escaldar el vescomte, ens dedicàrem a dir coses per veure què ens sortia.

—Jo em penso —deia el senyor Martí— que el sortilegi s'ha de fer de nit.

—O a les fosques —feia jo.

—¿Caldrà tornar allà sota? —preguntava el senyor Ferran, segurament perquè no li feia cap gràcia tornar al forat.

—S'ha d'evitar la lluna — suggeria la seva dona.

Després de voltes i més voltes i de dir-hi tothom la seva, la millor pensada fou la del senyor Martí, que, passejant per l'habitació, s'havia aturat al davant d'un calendari.

—¡Avui és lluna nova! ¡No hi ha lluna, està anul·lada!

—¡Perfecte! —vaig cridar—. ¡S'acompleix la condició!

—«No sap pas on» —deia la senyora Sílvia—. ¡Jo tampoc, ves!

—És clar —tronà el vescomte—. ¡Com havia de saber on, si l'abast del seu sortilegi idiota era imprevisible! Va, que ja en tenim dos i l'aigua es refreda.

El tercer ens costà més, segurament pels nervis. El va treure el senyor Martí, també, quan preguntà al vescomte quants anys tenia, en rebre la maledicció.

En saber que eren 26 i amb la pràctica que tots teníem, de seguida vam saber que el vescomte tornaria a la normalitat amb 62 anys.

¡Tot estava a punt!

12 *Tres gots d'aigua: el futur sense passat*

CONTENÍEM tots la respiració, perquè el vescomte era al davant de tres gots d'aigua, convenientment bullida, que no podia pas alçar per beure's. Abans de donar-los-hi, el senyor Ferran, la senyora Sílvia, el senyor Martí i jo, insistíem a recordar-li i fer-li repetir el significat dels tres sortilegis que havien de desfer l'encanteri. Tant li ho repetírem, que acabà la paciència i tronà amb els seus crits una queixa:

—¡Valguin les barbes de tots els comtes catalans! ¡Per tres-centes albardes! ¿Voleu callar, cotorres enrogallades? ¿Us penseu que, a la meva edat, he de suportar els consells de la gent tendra? ¡Som-hi, d'un cop! ¡Amunt i crits!

No vam gosar expressar el nostre temor per l'experiment estrany que anàvem a realitzar, però jo patia només de pensar que no se'ns compliquessin més les coses i aparegués, posem per cas, un vescomte gegant com sis de nosaltres o, ¡quina esgarrifança!, una calavera de vuit-cents anys bramulant. Els altres devien pensar bestieses semblants, perquè els tremolava una mica la veu, i la mà del senyor Ferran, alçant el got fins als llavis del vescomte, semblava una branca d'arbre moguda pel vent.

El vescomte engolí, no sense una certa parsimònia, el primer got. Tots suàvem, quan braolà:

—¿Anul·la la lluna? ¡Avui hi ha lluna nova!

No es produí cap novetat, però el silenci semblava que es podia tallar amb un ganivet, d'espès que era.

Anàvem pel segon got. El vescomte ens mirava i ara semblava una mica esporuguit per la solemnitat de l'acte, però, amb un gest enèrgic que féu grinyolar tota la ferralla que vestia, indicà al senyor Ferran que no es torbés. Respirà fondo i se'l va beure, semblà que amb dificultats, potser perquè el seu estómac encongit no podia admetre amb facilitat tant de líquid seguit. Al final, bufant una mica, cridà:

—¿No sap pas on? ¡Aquí, al castell dels Ferragut!

Tampoc no vam notar cap canvi, però ens mossegàrem les ungles i els dits, dels nervis, perquè sabíem que a la tercera anava la vençuda.

El vescomte estava més vermell que quan es posava furiós. Es tirà la cabellera panotxa enrere, es pentinà la barba passant-hi una mà i amb l'altra, entre garranyic i garranyec, feia gestos de tenir pressa per engolir el tercer got definitiu. La seva impaciència contrastava amb els nostres temors, que encara van durar uns segons eterns, perquè el vescomte tenia veritables dificultats per acabar-se tota l'aigua. Quan va estar, semblava que havia perdut força a la veu, perquè, tot i l'esforç, va fer un gall, després d'estossegar per dir:

—¿L'any és senyal? En tenia 26. Al revés, 62.

I llavors va caure en sec, com si l'hagués fulminat un llamp o l'hagués adormit un hipnotitzador de teatre.

Nosaltres, muts, ni gosàrem acostar-nos-hi. Parlàvem en veu baixa, xiuxiuejant, com si tinguéssim por de despertar-lo.

—¿I ara què? —deia jo.

—Paciència, home —recomanava el senyor Martí.

—Calleu —ordenava amb un gest la senyora Sílvia.

I ens el miràvem, però no passava res de res. Després d'una bona estona, ja donàvem mostres d'impaciència i decepció, creient que tot el cerimonial era només una broma d'un altre antic bruixot ximple o del mateix Passerell, que havia deixat aquella mena de joc per fer la murga. Ens miràvem una mica avorrits, segurament pensant que caldria tornar a començar a buscar solucions, amb la recança que potser ens hi passaríem la vida i no n'existia cap, d'antídot. Tot allò no ens ho dèiem amb paraules, però n'hi havia prou veient la fila que fèiem, repartits per les butaques de l'habitació del senyor Martí Bragulat, que ja no sabíem ni com posar-nos-hi i se'ns adormien les cames. Finalment, la senyora Sílvia, més pràctica, gosà dir, badallant:

—És negra nit i ni hem sopat.

—Al pas que anem —feia jo—, ens hi adormirem com ell, aquí.

—Aneu-vos-en a casa, si voleu —deia el senyor Martí—, ja en tindré cura jo.

—¡De cap manera! —vaig dir—. És a mi que em toca fer guàrdia, que sóc jo el qui els ha embolicat en aquest enrenou absurd.

La discussió anà pujant el to de les nostres veus i no ens n'adonàrem que ja havíem deixat de xiuxiuejar i parlàvem amb tota normalitat. Ens havíem posat en rotllana, drets per estirar les cames i donant l'espatlla al vescomte reduït, escàpol i ara dorment, quan, de sobte, ens semblà que la bombona de gas de la cuina del senyor Martí feia un pet estrepitós.

El ¡barrabum! fou tan gran que l'habitació s'omplí de polseguera i començàrem a estossegar tots, aclucant els ulls per provar de veure alguna cosa. Instintivament ens n'anàrem cap a la finestra a respirar aire pur, i allí ens trobàrem tots sans i estalvis. El senyor Ferran cridà en veure la seva dona sencera i el senyor Martí em sacsejà pel braç, comprovant que jo també hi era tot.

—Ferran, ¿estàs bé? —deia la dona.

—Sí. ¿I tu? —responia el marit.

—Senyor Martí, ¿s'ha fet res? —feia jo.

—No, jove, no. ¿I vostè? —contestava.

Però després d'aquella ronda de comprovacions, una veu diferent ens preguntà a tots:

—Dispensin, ¿que han pres mal?

La polseguera de l'habitació s'havia anat esvaint i llavors, per a la nostra sorpresa, vam poder veure que una cinquena persona, un home nu, amb la pell com si estigués coberta de fang brut, els cabells vermellosos i una barba com una brotxa de pintor, ens mirava amb ulls espantats i cara de no entendre res, mentre seguia preguntant:

—¿On som? ¿Què ha passat? ¿Qui són, vostès? Jo sóc... ¡Ai carai! ¿Qui sóc, jo?

¡Era el vescomte a mida normal! Un tipus ben plantat, de posat atlètic, tot i l'edat que segons el sortilegi tenia. Semblava baixar dels núvols i no reconeixia res ni ningú, fent anar els seus ulls esverats i molt oberts d'una banda a l'altra. ¡Però estava viu! Es mirava el seu cos com si no el conegués i s'avergonyia del seu posat una mica còmic i esparracat. El que havia explotat era la seva armadura i no la bombona de la cuina, per això semblava un trinxeraire.

La senyora Sílvia, davant la visió d'aquell home despullat i que havia perdut la memòria fins de qui era, va voler gastar-li una broma per veure si s'hi enganxava:

—¡*Un nu*! —cridà assenyalant-lo amb el dit—. ¡*Un nu*!

—¿Com diu, senyora? —feia ell, sense comprendre, però mirant de tapar-se una mica darrere les restes d'una butaca.

—Ara vostè hauria de dir: ¡*sóc cos*! —vaig fer jo.

—Perdonin que no rigui —deia el vescomte—, però en la meva situació, comprendran que no en tinc ganes.

El senyor Martí va cobrir-lo amb un tros de

cortina i llavors, entre tots, vam anar-li preguntant coses.

De seguida vam comprovar que no recordava res del seu passat i que caldria fabricar-n'hi un de nou. Però allò volia temps i ja era molt avançada la nit. Ens retiràrem tots a casa dels Collsalarca.

Han passat dos mesos d'ençà d'aquell enrenou fenomenal i jo, finalment, m'he decidit a escriure'n el relat. No és el que el vescomte em demanà, exactament, perquè ell volia que s'escrivís la seva història, però això no ha estat possible. Entre altres coses, perquè el vescomte desmemoriat no pot aportar ni una sola dada més del que va viure en vuit-cents anys. Quan li pregunto coses de l'any de la picor, em mira amb un posat murri i sempre diu:

—Amic meu, sóc vell, però no tant.

I em quedo amb les ganes de saber coses.

Pel que fa al seu passat, el senyor Martí i el senyor Ferran, ara bons amics meus i del vescomte —o millor hauria de dir ex-vescomte— n'han tingut cura. Li han explicat una història d'un accident complicadíssim que el portà aquella nit de juliol a aparèixer al castell i allí s'ha quedat a viure, ajudant el senyor Martí a recollir i endreçar llibres i papers dels Ferragut, fent la feina amb un entusiasme que ell no acaba d'explicar-se d'on li ve, però que nosaltres sabem que és la resta de la seva consciència de família. I tots li diem senyor Berenguer i ell s'avé amb aquest nom, content.

El senyor Berenguer, ara apassionat dels documents antics, ja no crida. Parla amb una veu dolça i és feliç treballant al castell amb el seu company Martí Bragulat, als matins. I cada tarda, va a casa dels Collsalarca on el que més li agrada és jugar als mots encreuats i la sopa de lletres amb la senyora Sílvia. Se'l veu content i encantat de la vida, tant, que molt sovint diu:

—¡Que divertit que és jugar amb les paraules! ¡I que n'és de bonic, això de l'amistat! Em penso que ni quan em mori deixaré de ser amic vostre.

I tots riem de gust, perquè creiem que és cert i perquè ell no sap que és gràcies als jocs de paraules i a l'amistat eterna del seu amic Armand de Collsalarca, que ha pogut retrobar la pau i la felicitat.

Sabadell-L'Armentera, juny-agost de 1991

Índex

SI T'HA AGRADAT AQUEST LLIBRE, POTS LLEGIR D'AQUESTA MATEIXA COL·LECCIÓ...

11 ***Nosaltres, els de Vilaximpleta***
Otfried Preussler
Els habitants de Vilaximpleta eren considerats uns savis a qui tothom demanava consell. Per això, la majoria es van instal·lar en alguna cort o ciutat com a consellers. Però ara Vilaximpleta és un caos, de manera que decideixen tornar-hi, oblidar la saviesa i ser ben babaus, perquè ningú no els reclami més.

62 ***La princesa Júlia***
Maite Carranza
Una tarda màgica, a la fira, la Júlia traspassa un mirall i es converteix en la princesa Júlia. Llavors es fica en un bon embolic, perquè les princeses tenen puces, als castells hi ha ratolins i els prínceps són analfabets.

101 ***Quin gos més golafre!***
Angela Sommer-Bodenburg
El Xocolovski és un immens santbernat que ha fugit d'una clínica on el feien servir per experimentar. L'únic positiu que n'ha tret és que li han donat la capacitat de parlar. Però només parla als infants, perquè no vol saber res dels adults. En Tobi l'ha recollit a casa seva, però això li crea un munt de problemes.

122 ***El secret de l'andana 13***
Eva Ibbotson
La perversa milionària Larina Trottle segresta el príncep d'una illa màgica, i una estrafolària banda de rescatadors, formada per un mag, una bruixa, una fada i un ogre molt peculiars, es proposa tornar-lo als seus pares.